# 悪と全体主義
## ハンナ・アーレントから考える

仲正昌樹 Nakamasa Masaki



NHK出版新書
549

悪と全体主義——ハンナ・アーレントから考える　目次

# はじめに――今なぜアーレントを読むか

ハンナ・アーレントは、一九〇六年にドイツで生まれ、主にアメリカで活躍した政治哲学者です。第二次世界大戦後、特に一九五〇年代から六〇年代にかけて西欧諸国の政治思想に大きな影響を与えました。その著作や言説は政治哲学の枠を超えて、今も、倫理学、法学、教育学、心理学、文芸批評など、様々なジャンルで取り上げられています。五年ほど前に映画『ハンナ・アーレント』が公開されたとき、日本でもちょっとしたアーレント・ブームのような事態になりました。

アーレントがドイツの大学で専攻したのは、政治哲学ではなく、純粋な「哲学」でした。マルティン・ハイデガーやカール・ヤスパースなど気鋭の哲学者に師事し、博士論文のタイトルは「アウグスティヌスの愛の概念」。キリスト教神学の骨格を作った古代の神学者が、

「隣人」に対する「愛」をどのように捉えていたか論じた論文です。古典文学にも造詣が深く、教授資格を得るための研究論文では十九世紀初頭のユダヤ系ドイツ人の女性文化人ラーエル・ファルンハーゲンにスポットを当てています。文化的なサロンの主催者として、ロマン派を中心とする当時の有力な文学者・知識人たちと交流した人物です。若い頃のアーレントはどちらかというと、文学寄りの哲学を志向していた印象があります。

ところが二十代半ば頃から、アーレントの主たる関心と思索は「政治」へと向けられるようになります。そのきっかけは、ドイツに台頭したナチスの反ユダヤ主義政策でした。ドイツ系ユダヤ人であるアーレントは、一九三三年にナチスが政権を獲得すると、迫害を逃れるためパリを経由してアメリカに亡命します。そのなかで、自分が、西欧文明の中で生きる者にとっての「常識」だと思っていたことが覆る、という体験をします。

ユダヤ人の歴史は迫害の歴史ともいわれますが、西欧の近代社会においては（少なくとも形式的には）平等に扱われ、それは市民社会的な常識として定着している――と、アーレントは考えていました。しかし彼女が前提としたその常識は、ユダヤ人問題に対するナチスの「最終解決」によって完全に打ち砕かれます。戦後になって明るみに出た組織的大量虐殺の実態は、アーレントの想像をはるかに超えるものでした。

こうした体験に基づいて一九五一年に発表されたのが、『全体主義の起原』です。「全体主義」という言葉は、第二次世界大戦中からドイツのナチズムやソ連のスターリン主義などを形容するものとして、ネガティブなニュアンスで用いられていましたが、漠然としたイメージにすぎませんでした。

全体主義は、いかにして起こり、なぜ誰も止められなかったのか。この茫漠とした現象の起原と機序を、「歴史的」考察によって突き止めようと試みたのです。アーレントは十九世紀初頭にまで遡り、歴史学的史料のみならず、文学や哲学的言説も含めて広く考察することで、その起原が自分たちの足元にあること――西欧の近代の歴史と深く結びついているということを明らかにしました。こうしたアーレントの試みについて、第1章から第3章で整理していきます。

本著で政治哲学者として一躍注目を集めたアーレントは、一九五八年に主著の一つとなる『人間の条件』を発表。これによって一定の名声を得た彼女を、さらに有名にしたのが六三年に出版された『エルサレムのアイヒマン』でした。

アイヒマンはナチス親衛隊の中佐で、ユダヤ人虐殺計画を実務的に管理する立場にあり、特に絶滅収容所への移送を担当していた人物です。戦後、アルゼンチンに潜伏していた彼をイスラエルのモサド（諜報機関）が見つけて強制連行し、エルサレムで公開裁判が行われました。

アーレントは自ら出版社に志願し、この裁判を特派員として取材します。しかし、そこで彼女が目の当たりにしたアイヒマンは、多くの人が想像し、期待していた「いかにも悪人」然とした人物ではありませんでした。彼女が自著で伝えたアイヒマン像や裁判の実際は、人々のイメージを裏切るものであっただけでなく、ナチスを擁護する言説と受け取る人もいて、出版直後から大きな反発を受けました。このことについては第4章で考えてみたいと思います。

『全体主義の起原』と、波紋を呼んだ『エルサレムのアイヒマン』は、現在も全体主義をめぐる考察の重要な源泉となっています。この二作を通じてアーレントが指摘したかったのは、ヒトラーやアイヒマンといった人物たちの特殊性ではなく、むしろ社会のなかで拠りどころを失った「大衆」のメンタリティです。現実世界の不安に耐えられなくなった大衆が「安住できる世界観」を求め、吸い寄せられていく——その過程を、アーレントは全体主義の起原として重視しました。

人々の間に既存の国家体制への不信、寄る辺のない不安が広がっているのは今の時代も同じではないでしょうか。政情不安、終わりの見えない紛争、そして難民問題。世界はどこへ向かおうとしているのか、それを動かす社会の仕組みがどうなっているのかということについて、多くの人が「教科書的ではない」説明を求めています。

日本も例外ではありません。今世紀に入った頃から、政治について関心があり、「かなり分かっている」つもりの人たちでさえ展開が読めないことが多くなり、言い知れぬ不安を感じる人が増えている気がします。

ただ安穏としているのも困りますが、だからといって不安に感じすぎるのも問題です。極度の不安は、明快で強いイデオロギーを受け容れやすいメンタリティを生む、とアーレントは指摘しています。

自分が置かれている状況の変化をきちんと把握しつつ、「分かりやすい」説明や世界観を安易に求めるのではない姿勢を身につけるには、どうすればよいのか。

それを考える上で、この本で取り上げる二つの著作が参考になると思います。『全体主義の起原』は、全体主義を生み出した様々な歴史的要因のそれぞれについて、疑問を残さないよう、哲学、文学、歴史学、社会学、政治学の深い教養を駆使して細部に至るまで徹底的に分析しようとする姿勢を貫いているので、読み応えはありますが、その分、議論の展開についていくのが結構大変です。「分かりにくい」名著ではありますが、適宜、現在の政治や社会に照らしながら読み進めていくことにしましょう。

一方『エルサレムのアイヒマン』は、全体主義体制下で生きた、ごく「普通の人間」であるアイヒマンが実行した「悪」についての考察です。アーレントは、法＝命令に従うことを自らの義務と信じ、自らの判断を交えることなく、淡々と仕事をこなしていったアイヒマンの振る舞いや世界観を観察することで、「悪」の本質について従来の常識を覆す驚くべき見解を呈示します。アーレントのこの二つの著作を併せて読むことで、人類の歴史の始まりから問われ続けてきた「悪」という問題と、二十世紀に発生した比較的新しい現象である「全体主義」の関係についてじっくり考えてみたいと思います。

# 序章　『全体主義の起原』はなぜ難しいのか?

## 生々しい体験としての政治――アーレントとは誰か

第二次世界大戦が終結して六年、日本ではまだ連合国軍の占領が続いていた頃に一冊の――といっても、かなり分厚い政治哲学書が、アメリカとイギリスで同時出版されました。ドイツのナチズム、ロシアのスターリニズムといった全体主義がどのように形成されたかを歴史的に考察した『全体主義の起原』（*The Origins of Totalitarianism*）です。

著者の名は、ハンナ・アーレント、ドイツ系ユダヤ人の政治哲学者です。出版当時四十四歳だったアーレントは、本著をきっかけとしてアメリカで「学者」デビューを果たしました。この大著を執筆するに至った彼女の足跡を、まずは時代背景と共にざっと辿っておきましょう。

生年は、一九〇六年。ドイツ・ハノーファー郊外の町に、ユダヤ系中産階級家庭の一人娘として生まれました。父方の祖父は地方議員も務めた大商人で、母方の祖父も貿易で財を成した人物。アーレントは幼い頃に病気で父親を亡くしていますが、裕福な一族に囲まれて子供時代を過ごします。

女手ひとつでアーレントを育てた母マルタは、ユダヤ教の信徒ではなかったものの、ユダヤ人に対する差別的な扱いや発言は決して許容しませんでした。それは教育方針として貫かれ、子供の世界にもあったユダヤ人差別に対して、アーレントは「自分で自分を守る」[*1]よう求められたと振り返っています。

ハンナ・アーレント　1906〜75（写真提供／ユニフォトプレス）

一九一四年、アーレントが七歳のときに第一次世界大戦が勃発しました。これは、同盟国（ドイツ・オーストリア・オスマン帝国など）と連合国（イギリス・フランス・ロシアなど）との間で戦われた世界的規模の戦争です。主としてヨーロッパを戦場とした戦争ですが、それらの国の植民地や勢力圏も視野に入れると、世界の大半を巻き込んだ、初めての世界大戦でしたし、各国が総力を挙げてぶつかり合う総力戦（全体戦争）の本格的な始まりでもありました。戦車、戦闘機、毒ガス、火炎放射器などのハイテク兵器が導入されたことで、戦争のやり方が劇的に変わりました。一八年のドイツ降伏により同盟国側が敗北し、翌年のヴェルサイユ条約でドイツは報復的に大きな負担を課せられました。そのことが後にドイツのどのような動きにつながっていくのかということについては、第2章で解説します。

この間の一九一七年にはロシア革命によって帝政が打ち倒され、史上初の社会主義国家が誕生しています。翌一八年にはドイツでも、ローザ・ルクセンブルク[*2]など急進的なマルクス主義者による革命が試みられましたが、鎮圧され、社会民主党を中心とした中道左派が主導権を握って、議会制民主主義のヴァイマル共和政[*3]へと移行します。この頃、アーレントの自宅には母マルタが参加する社会民主主義サークルのメンバーがしばしば集っていたようですが、アーレント自身は政治には無関心。文学に傾倒し、ギリシア語の詩を愛読していました。

哲学を志すようになったのは十四歳の頃といわれます。カント[*4]、ヤスパース[*5]、キルケゴールら[*6]の著作に刺激を受け、一九二四年から二八年にかけて、三つの大学を渡り歩きながら学びを深めていきます。マールブルク大学ではハイデガー[*7]、フライブルク大学ではフッサール[*8]、ハイデルベルク大学ではヤスパースに師事。いずれも当時、ドイツ国内外で注目を集めていた気鋭の哲学者です。

アーレントは二十二歳の若さで博士号を取得し、博士論文「アウグスティヌスの愛の概念」が出版された一九二九年には、ギュンター・シュテルンという青年と結婚します。彼もユダヤ系中産階級家庭に育ち、フッサールやハイデガーの薫陶を受けて博士号を取得した人物です。共通項の多い二人ではありましたが、この結婚は長続きしませんでした。その関係に影を落としたのは、価値観の相違ということに加えて、ナチスの台頭です。三三年にヒトラーが政権を掌握すると、シュテルンは一足先に亡命。その後、アーレントは反体制活動に協力したとして逮捕されますが、出獄するとすぐに母を伴ってドイツを出国し、パリへと逃れます（シュテルンとは三七年に離婚）。

パリではユダヤ人青少年のパレスチナ移住を支援するなど、シオニズム[*9]に関係する仕事に就いていました。一方で、様々なジャンルの知識人とも盛んに交流しています。アルベール・カミュ、[10] ジャン＝ポール・サルトル、[11] ヴァルター・ベンヤミン。[12] 後に生涯の伴侶となる活動家のハインリッヒ・ブリュッヒャー[13]も、パリで出会った一人でした。

一九三九年に第二次世界大戦が勃発します。翌四〇年一月、アーレントはブリュッヒャーと再婚。しかし、二人は五月には「敵国人」として別々の収容所に入れられることになります。収容された翌月、ナチス・ドイツ軍の侵攻でパリが陥落したのは、彼らにとって不幸中の幸いでした。アーレントはその混乱に乗じて収容所を脱走し、南仏モントーバンでブリュッヒャーと再会した後、二人はアメリカに亡命します。

ニューヨークに到着したのは、一九四一年五月。翌月には母マルタも合流し、アーレントはユダヤ人のための新聞・雑誌で時事評論などの文筆活動を開始しました。逮捕、亡命、収容所体験、そして再びの亡命——。「難民」となったアーレントにとって「政治」は机上の研究対象ではなく、生々しい体験であったのです。

## 「全体主義」の起原

「全体主義」あるいは「全体主義的」という言葉を明確な意味で使い始めたのはイタリア

のファシズム政権や、ドイツのナチス寄りの知識人たちです。一九二〇年代後半から、ムッソリーニ[*14]たちは、自分たちの運動を「全体主義」と形容するようになりました。

一九二五年から刊行された『イタリア百科事典』の十四巻（一九三二年）の「ファシズム」の項を担当したムッソリーニと哲学者のジェンティーレ[*15]は、個人主義的な傾向の強い西欧の自由主義は、人間の自由を極めて抽象的・観念的にしか捉えておらず、現実から遊離していると批判し、自分たちこそが、国家の中で生きる現実の人間にとっての自由を考えているとして、各人を共同体としての国家へ再統合するファシズムの理念の意義を強調しました。近代化の過程でバラバラになっている個人に再び居場所、生活空間を与えてくれるような国家こそが、真の自由を実現するということです。

彼らはそうした自分たちのファシズム国家を「全体主義的」と形容しました。ドイツの憲法学者・法哲学者で、ナチスによる独裁を正当化したことで悪名高いカール・シュミット[*16]やその弟子のフォルストホッフ[*17]も、こうした「全体（主義的）国家」を、個人の自由を尊重するという名目の下で、価値観の対立を激化させるとともに、経済、宗教、文化などの諸領域を政治の管轄から切り離したために共同体的なまとまりを欠き、進むべき方向性を見出せなくなった近代の自由主義的国家・政治観に対するオルタナティヴとして高く評価しました。

具体的な生活を営んでいる人間の、ごく一部ではなく「全体」を把握するとか、社会生活の「全体」を包括する、といったポジティヴな意味合いで、「全体主義（的）」という言葉を使っていたわけです。なお、ジェンティーレやシュミットの議論では、「国家」が社会「全体」を統合する役割を担うべきことが強調されたのに対し、第3章で見るように、アーレントは、大衆運動である全体主義運動が、「国家」という枠と対立する性格を持っていることを強調していますので、話がかみ合っていないところがあります。その点に注意しておいて下さい。

それに対して、アメリカをはじめとする西側諸国は、自分たちとは異なる体制――近代的自由主義の成果を否定し、諸個人を大きな共同体としての国家に完全に組み込み、自分のためではなく、国家という共同体のために生きるよう教育することを当然視する体制――の異様さを表現する言葉として「全体主義」を使うようになりました。英国の首相チャーチル[*18]や小説家のジョージ・オーウェル[*19]、国務長官や陸軍長官を歴任したアメリカの外交戦略家ヘンリー・スティムソン等[20]は、ナチズムなどを全体主義と呼んで非難し、その脅威から自由主義の陣営を防衛する必要を訴えました。

しかし、第二次大戦が終わり、米ソ冷戦状況が生まれると、西側諸国は、ソ連などの社会主義国を念頭に置いて「全体主義」という言葉を使うようになりました。イタリアのファシズムやドイツのナチズムと、社会主義の共通性を強調するために使われたわけです。こうした見方が妥当かということについてはいろいろ論争があるところですが、いずれにしても、かなり政治的・プロパガンダ的意図を込めて使われていたので、「全体主義」と呼ぶべき現象があるとすれば、その特徴は何であり、どのようにして生まれてきたのか、という学問的な規定は伴っていませんでした。そこで、アーレントのような仕事が意味を持ってくるわけです。

全体主義の「異様さ」を象徴するのは何と言っても、ナチスによる反ユダヤ主義政策でしょう。その仔細が明らかになると、世界中に大きな衝撃が走りました。いわゆるホロコーストです――ホロコーストとはもともと、〝燔祭《はんさい》〟、つまり犠牲にする獣を丸焼きにして神に捧げるユダヤ教の宗教儀礼を指すギリシア語ですが、それが転じて、大火災とか災害を意味するようになりました。ただ、アーレントが『全体主義の起原』を書いた当時はまだ、一般的にユダヤ人虐殺の意味では使われていませんでした。

ナチス・ドイツは、自国及び占領した地域のユダヤ人を絶滅収容所に送るなどして、六〇〇万人以上を虐殺したとされています。アーレントは、それを「奈落の底が開いたような経験」だったと後述しています。同胞を虐殺されたことは、その後の彼女の学問的原点となりました。戦後、真っ先に取り組んだのは、この恐るべき「最終解決」を遂行した全体主義についての研究でした。「最終解決」というのはナチスの用語で、「ユダヤ人問題の最終解決」を略したものです。当初はドイツからの「追放」を意味していましたが、一九四一年の独ソ戦開始後、短期決戦による決着に失敗し戦争の長期化が明らかになると、「絶滅」政策の隠語となったのです。

アーレントは全体主義を、大衆の願望を吸い上げる形で拡大していった政治運動（あるいは体制）である、と捉えています。これは、ごく一部のエリートが主導して政治を動かす、いわゆる独裁体制――あるいは、政治学で「権威主義」と呼ばれるところの、特定の権威を中心とした非民主主義体制――とはまったく違うものであるということです。大衆

## ハンナ・アーレント略年譜

| | |
|---|---|
| 1906 | 10月14日、ドイツ・ハノーファー郊外でユダヤ系夫婦のもとに生まれる |
| 1914 | ▶**第一次世界大戦**（〜18） |
| 1924 | 大学入学資格試験に合格し、マールブルク大学入学。ハイデガーに学ぶ |
| 1925 | フライブルク大学でフッサールに学ぶ |
| 1926 | ハイデルベルク大学でヤスパースに学ぶ |
| 1928 | 「アウグスティヌスの愛の概念」で博士号取得 |
| 1929 | ギュンター・シュテルンと結婚 |
| 1933 | ▶**ナチス政権成立**<br>逮捕・釈放後フランスへ亡命。シオニズム運動に参加（〜40） |
| 1937 | ギュンター・シュテルンと離婚 |
| 1939 | ▶**第二次世界大戦**（〜45） |
| 1940 | ハインリッヒ・ブリュッヒャーと結婚。フランス領内ギュルス収容所に抑留されるが、フランス降伏の混乱のなか脱走し、南フランスのモントーバンで夫に再会 |
| 1941 | 母と夫とともにアメリカへ亡命。ドイツ語新聞「アウフバウ」にコラム執筆 |
| 1945 | ▶**ドイツ降伏**<br>「シオニズム再考」発表 |
| 1946 | ショッケン出版社の編集に携わる（〜54） |
| 1951 | **『全体主義の起原』**刊行。アメリカ国籍取得 |
| 1958 | 『人間の条件』刊行 |
| 1959 | レッシング賞受賞。プリンストン大学客員教授就任。『ラーエル・ファルンハーゲン──ドイツ・ロマン派のあるユダヤ女性の伝記』刊行 |
| 1961 | イスラエルでアイヒマン裁判を傍聴 |
| 1963 | 『革命について』**『エルサレムのアイヒマン──悪の陳腐さについての報告』**刊行。シカゴ大学教授就任（〜67） |
| 1968 | ニュー・スクール・フォー・ソーシャル・リサーチ教授就任（〜75）。『暗い時代の人々』刊行 |
| 1969 | ヤスパースの葬儀で追悼の辞を述べる |
| 1970 | ブリュッヒャー死去。『暴力について』刊行 |
| 1975 | デンマークのソニング賞受賞。12月4日、心臓発作のため死去（69歳） |
| 1978 | 『精神の生活』刊行 |
| 1982 | 『カント政治哲学講義』刊行 |

自身が、個人主義的な世界の中で生きていくことに疲れや不安を感じ、積極的に共同体と一体化していきたいと望んだ——と考えたのです。

このことについて、アーレントは、何かたったひとつの起原が特定できる、と言っているわけではありません。原題がThe Origins of Totalitarianismであることからもわかるように、Originは複数存在します。幾つもの要素が絡まりあって、特にヨーロッパの人々の不安を高めていった。どのような要素が全体主義の形成に決定的だったのか、それらがどのように相乗効果を及ぼし、一つの流れにまとまっていったのか客観的に見ていこう、という姿勢で書かれたのが『全体主義の起原』というテクストです。もし全体主義の発生を阻止できたとすれば、どの段階でどうすれば良かったのか、読者に一緒に考えてもらうべく、いろんな材料を提供してくれているのだと思います。

## 閉塞感が蔓延する時代に

ここまで述べて来たように、『全体主義の起原』は決してわかりやすい内容ではありません。しかし、アーレントの「ブーム」はこれまで何度もありました。共通しているのは、政治や社会の情勢が混沌として、自分にとって誰が敵なのか、味方なのか、見通しがつきにくくなり、そのために不安になってしまう人が多い、ということだと思います。

何年も前から、マスコミやネットを中心に「閉塞感」という言葉をよく聞くようになりました。経済の低迷、少子高齢化に伴う医療・福祉制度の不安定化、体感治安の悪化、国際的緊張の高まり……など、日本が次第に停滞していくような話ばかり耳に入ってきます。それに伴って、自分の将来にも希望を持てない。そうした、もやもやした不安な状況を打ち破ってくれる、強いカリスマを求めるようなメンタリティがどんどん高まっている。日本ばかりでなく、アメリカやヨーロッパでも起こりつつあることなのではないか。アメリカ、フランス、ドイツでも、自国の将来の展望に不安を覚える人たちが排外主義的で、保護貿易志向の政治勢力を強く支持するようになり、政治の構図が大きく変わりつつあります。そうした状況が、全体主義的傾向が生まれ拡大していった時代と重なって見えるために、今、アーレントが読まれているのではないかと思います。

『全体主義の起原』ははじめ三部構成の一冊で刊行されましたが、のちに各部がそれぞれに序文を付したかたちの三巻本として出版されることになります。サブタイトルは、第一巻が「反ユダヤ主義」、第二巻が「帝国主義」で、ナチス・ドイツとスターリン主義のソ連という全体主義そのものについて考察する第三巻「全体主義」に至る、いわば前史となっています。次章からは、各巻の内容を概観しながら、アーレントが明らかにしようとしたものについて考えていきたいと思います。西欧の政治、経済、社会思想の歴史が前提になっているので、ピンと来にくい話もあるかもしれませんが、高校の世界史の教科書や参考書を手元に置いて適宜参照しながら読んでいくと、「ああ、そういうことだったのか」と納得する点も多々あるかと思います。

＊1 **「自分で自分を守る」** ハンナ・アーレント「何が残った？ 母語が残った」（『アーレント政治思想集成1 組織的な罪と普遍的な責任』ジェローム・コーン編、齋藤純一・山田正行・矢野久美子訳、みすず書房）より。

＊2 **ローザ・ルクセンブルク** 一八七一〜一九一九。ロシアの属領だったポーランドに生まれ、ドイツで活動したマルクス主義の理論家。ドイツ社会民主党（ＳＰＤ）に属していたが、第一次大戦への対応をめぐって、党の主流派と対立し、離党する。カール・リープクネヒト等と共に、スパルタクス団を結成する。一九一八年にドイツ共産党（ＫＰＤ）を結党し、革命

を試みるが、臨時政府側に弾圧され、退役軍人などから組織される義勇軍によって殺害される。

*3 **ヴァイマル共和政**　一九一八年のドイツ革命で帝政が崩壊した後、社会民主党の主導のもとに生まれた。世界で初めて「社会権」を導入するなど、民主的なヴァイマル憲法を制定したが、左右勢力の対立や賠償金支払いで政局と経済は安定せず、三三年にナチスが政権を掌握し崩壊。

*4 **カント**　一七二四～一八〇四。ドイツの哲学者。著書に『純粋理性批判』『実践理性批判』など。

*5 **ヤスパース**　一八八三～一九六九。ドイツの哲学者・精神医学者。著書に『精神病理学総論』『哲学入門』など。

*6 **キルケゴール**　一八一三～五五。デンマークの哲学者。実存主義の創始者とされる。著書に『死に至る病』など。

*7 **ハイデガー**　一八八九～一九七六。ドイツの哲学者。二十世紀に最も影響力を発揮した哲学者。著書に『存在と時間』『ヒューマニズムについて』など。

*8 **フッサール**　一八五九～一九三八。オーストリア出身のドイツの哲学者。数理哲学から転じて、現象学の創始者になる。著書に『論理学研究』『純粋現象学と現象学的哲学のための諸構想（イデーン）』など。

*9 **シオニズム**　ユダヤ人のパレスチナ帰還運動。かつてユダヤ教の神殿があったエルサレムの丘「シオン」にちなむ名称。十九世紀にヨーロッパで台頭した反ユダヤ主義に対抗して高まり、

一九四八年のイスラエル建国につながった。しかし現在も先住パレスチナ人との紛争が続く。

*10 **アルベール・カミュ**　一九一三〜六〇。フランスの小説家。著書に『異邦人』『ペスト』など。

*11 **ジャン＝ポール・サルトル**　一九〇五〜八〇。フランスの哲学者・文学者。論著に『実存主義とは何か』『存在と無』、小説に『嘔吐』など。

*12 **ヴァルター・ベンヤミン**　一八九二〜一九四〇。ドイツのユダヤ人批評家。著書に『ドイツ悲劇の根源』『暴力批判論』など。アーレントは前夫シュテルンの親類だったベンヤミンの紹介にも尽力した。

*13 **ハインリッヒ・ブリュッヒャー**　一八九九〜一九七〇。ドイツ出身の活動家。マルクス主義者として活動していた三六年、アーレントと出会う。アーレントの二番目の夫として精神的支えとなる。共著に『アーレント＝ブリュッヒャー往復書簡 1936-1968』がある。

*14 **ベニート・ムッソリーニ**　一八八三〜一九四五。イタリアの政治家。当初イタリア社会党に入党して、社会主義の実現に向けて活動していたが、第一次大戦への参戦問題などをめぐって、党指導部と対立し、除名される。ナショナリズム・国家主義的な理念の下で、国民を再統合することを目指すファシスト運動の創始者となる。一九二二年のローマ進軍で政治の実権を掌握し、首相に就任。四三年にクーデターで失脚するまで、独裁的な権力を行使し続ける。

*15 **ジョヴァンニ・ジェンティーレ**　一八七五〜一九四四。イタリアの哲学者・政治家。哲学者としては、フィヒテやヘーゲルの研究に従事し、新ヘーゲル主義的な立場を取る。ファシス

ト運動に共鳴して、その理論的支柱となり、ムッソリーニ首相の下で文部大臣に就任して、教育改革に当たった。

＊16 **カール・シュミット**　一八八八～一九八五。ヴァイマル期のドイツの憲法学者・法哲学者。独自のカトリック的な世界観に基づいて、「独裁」を正当化する論や、「政治」の本質は「友／敵」の区別であるとする議論を展開した。一時期、ナチスの桂冠法学者と言われた。著書に『政治神学』『政治的なものの概念』など。

＊17 **エルンスト・フォルストホッフ**　一九〇二～七四。ドイツの憲法・行政法学者。ナチス時代にフランクフルト大学、ケーニヒスベルク大学、ハイデルベルク大学の教授を歴任。戦後占領軍により大学から追放されるが、ハイデルベルク大学に復職し、戦後のドイツの行政法学に影響を与え続ける。

＊18 **ウィンストン・チャーチル**　一八七四～一九六五。英国の保守党の政治家、軍人。第二次大戦中に首相を務める。終戦間近の総選挙で敗れて下野するが、保守党の党首にとどまり、急進的な反共の論陣を張り続ける。四六年三月に有名な「鉄のカーテン」演説を行う。五一年の総選挙に勝利し、首相に返り咲く。大戦の記録を綴った『第二次世界大戦』でノーベル文学賞を受賞。

＊19 **ジョージ・オーウェル**　一九〇三～五〇。英国の作家。近未来の全体主義的な管理・監視社会を描いた『一九八四年』で知られる。

*20 **ヘンリー・スティムソン** 一八六七〜一九五〇。アメリカの政治家。フィリピン総督、陸軍長官、国務長官を歴任する。一九四〇年六月のラジオ演説で、全体主義が勝利すれば、世界の自由の終焉を意味すると述べたうえで、対ヒトラー・ドイツの具体的戦略を示し、それを聴いたルーズヴェルトに乞われて、陸軍長官に復帰する。

# 第1章 ユダヤ人という「内なる異分子」

## 反ユダヤ主義の何が問題か

この章で扱う『全体主義の起原』第一巻では、近代的な国民国家の誕生によって「反ユダヤ主義」が次第に深刻化・先鋭化し、全体主義の母胎となっていく過程を考察しています。

ユダヤ人に対する迫害は、かなり前から実は頻繁にありました。社会不安や行き場のない怒りが鬱積《うっせき》すると、ユダヤ人をスケープゴートとして集団的に迫害、追放、虐殺する「ポグロム」と呼ばれる現象です。

しかし、十九世紀の西欧社会に広がった反ユダヤ主義は、それとはまったく異なる政治的意味を持っているとアーレントは言います。

> 反ユダヤ主義とユダヤ人憎悪は同じものではない。ユダヤ人憎悪というものは昔からずっと存在したが、反ユダヤ主義はその政治的、及びイデオロギー的意味において十九世紀の現象である。（『全体主義の起原』第一巻、以下引用部は同様）

ユダヤ人のなかには、すでにユダヤ人独特のライフスタイルを捨て、市民社会のなかに溶け込む人も増えていました。ユダヤ教の信仰を捨てて、キリスト教徒になった人も少なくありません。

一見すると、かなり溶け込んでいたのに（むしろ溶け込んでいたからこそ）、十九世紀になってユダヤ人は改めて迫害の標的とされてしまった。それは、ちょうどその頃に西欧で勃興した近代的な「国民国家」が、スケープゴートを必要としていたからであり、そこには国家の求心力を高めるための「異分子排除のメカニズム」が働いていた、とアーレントは考察しています。十九世紀の反ユダヤ主義は、異教徒や異質な人間に対する漠然とした憎悪ではなく、国家の構造やイデオロギーと密接に結びついた現象だったというわけです。

## 『ヴェニスの商人』に見るユダヤ人憎悪

十九世紀の反ユダヤ主義的思潮を理解するには、西欧において「ユダヤ人」とはそもそもどんな存在だったのか、ということを押さえておく必要があります。

ユダヤ人とは、ユダヤ教を信仰している人たち、あるいはユダヤ人の血統を継いでいると自任する人たちを指します。キリスト教の『新約聖書』では、ユダヤ人は神に選ばれし民でありながら、救世主イエスを十字架に架けた罪深き人々ということになっています。彼らはヨーロッパ各地に散り、土地の人々との混血が進んで「外見的」には区別が付きにくくなっていきますが、それでも公職に就けない、土地を所有できないなど、様々な差別を受けていました。キリスト教徒にはできない「汚れ仕事」を請け負ったのも彼らで、その一つが「金貸し業」です。

キリスト教は、利子を取って同胞に金を貸すことはならぬ、としています。これはユダヤ教の聖典でもあった『旧約聖書』の「申命記」[*1]などにも書かれている教義です。しかし商売をするには――特に海外との貿易など大きなビジネスを展開するには、金融は不可欠です。

実際には、ユダヤ人以外にも（実質的な）金貸しはいたようですが、この汚れ仕事をほぼ一手に引き受けていたユダヤ人は、知識も経験も豊富であり、ヨーロッパ各地に散っていた彼らは地中海沿岸を中心に独自のネットワークを築いて、商社のような役回りも担っていました。

金貸し業をやっていたユダヤ人のなかには、巨万の富を築いた人もいます。そうなると、金貸しという仕事とそれを担うユダヤ人を蔑みながらも、必要に迫られると利用し、それに助けられてはいるものの、金貸しで儲けているユダヤ人は憎らしい――ということになる。イメージとしては、まさにシェイクスピアの『ヴェニスの商人』です。

ヴェニスの商人＝アントーニオは、親友であるバッサーニオがポーシアに求婚するための資金を用立てようとしますが、財産の大半を外国との貿易に回していたので、手持ちのお金がありません。そこでユダヤ人の高利貸しシャイロックから借ります。その際に、期日までに返済できなかったら、シャイロックはアントーニオの体から肉一ポンドを切り取っていいという条件で契約を結びます。アントーニオのおかげもあって、バッサーニオはめでたくポーシアと結ばれます。当初は、貿易がうまくいって、何の問題もなく返済できると思っていたアントーニオですが、災難が重なって、返済できない状態に陥ります。アントーニオは、肉一ポンドを削ぎ取られそうになりますが、男装して裁判官となったポーシアの機転に救われる――というあらすじです。

強欲で、キリスト教徒から金を搾り取る冷酷な高利貸しシャイロックは、当時ヨーロッパの人々がイメージしていたユダヤ人の典型といえます。

もちろん、すべてのユダヤ人が大金持ちだったわけでも、みんながシャイロックのような人間だったわけでもありません。明らかに偏見です。『ヴェニスの商人』に登場するバッサーニオとポーシアは、シャイロックがお金を貸したおかげで結婚できた。それなのに、シャイロックは貸した金の回収が許されないどころか、没収された財産の半分を、好きな男と駆け落ちした娘に与えるよう命じられ、さらにキリスト教に改宗するよう迫られます。それが公正な裁判だというわけです。結果的に見ると、かなり理不尽な話です。

## 「国民」意識とナポレオン戦争

『ヴェニスの商人』は、ユダヤ人を利用しながら、都合が悪くなると悪魔呼ばわりするヨーロッパ社会の身勝手を表した作品だと指摘する人もいます。重要なのは、当時の社会に通奏低音のように響いていたユダヤ人への憎悪や嫌悪感が、文学作品に描かれるほど浸透していたということです。

この漠然とした憎悪が、十九世紀に入ると次第に「政治的」「イデオロギー的」な色合いを帯びていきます。その背景としてアーレントが注目したのが、絶対君主制から「国民国家」への移行でした。

国民国家とは、英語で言うと「nation state」です。国家と訳される「state」は、法律が整備され、官僚組織や警察、軍隊などを備えた「統治のための機構」を指します。「nation」は通常「国民」と訳されていますが、日本語のニュアンスとしては「民族」に近い——厳密に言うと、「国民」と「民族」は異なりますが、それについては第2章でお話しします。語源であるラテン語のナチオ（natio）は「生まれ」という意味で、「nation」は生まれを同じくする、文化的アイデンティティ（同一性）を共有している、ということを含意します。さらに言えば、文化的アイデンティティ——具体的には言語や歴史など——を共有する人たち、フランス人とかドイツ人、イギリス人、ロシア人といった人々の共同体が、自分たちで自分たちを治めるべきだという自治の意識をもったとき、それが「nation」になります。

こうした文化的アイデンティティや自治の意識は、近代になって顕在化したものです。それまでは、自分が住んでいる土地をたまたま治めている領主がいて、その人に従属していることは意識されても、領民同士の仲間意識、連帯感は希薄でした。領主が何語を話す人であろうと、接点のない一般の領民には関係ありませんでしたし、領土の境界線はしょっちゅう変わるし、通信・交通手段も発達していなかったので、領民同士の広範な繋がりは生まれようがありませんでした。

中世の末期から十七世紀にかけて、地方の領主や教会の権力が相対的に弱まり、国王を中心とする中央集権的な国家が生まれてくる過程で、国王を中心とする貴族、官僚、地主など支配層の間に、自分たちが統治している領土とその住民の特性を意識して、フランス人の王とかイングランド人の王といった観念が生まれてきましたが、そうした発想は必ずしも一般庶民には共有されていませんでした。ところが十九世紀の初頭から中盤にかけて、人々の間に「国民」意識が急速に広まります。きっかけとなったのは、ナポレオン戦争でした。

ナポレオン戦争とは、フランスを支配することになったナポレオンが指揮し、一七九六～一八一五年にかけて行われた戦争の総称で、トラファルガー海戦[*2]、アウステルリッツの戦い[*3]、ワーテルローの戦い[*4]などを含むものです。当初はフランス革命を各国の反革命勢力の干渉から守るための戦争だったのですが、次第にヨーロッパ制圧の侵略戦争へと性格を変えていきました。

ナポレオン率いるフランス国民軍が周辺の国々に侵攻し、ヨーロッパの大半を支配下に置き、ナポレオンの身内や部下を各地の新たな支配者として送り込むようになると、支配された人々の間に「自分たちはフランス人ではない」という認識と、「フランス人に支配されるいわれはない」という対抗意識が芽生えてきました。十九世紀初頭には数十の領邦国家に分かれていたドイツでも、ナポレオン戦争に敗北し、フランスの支配下に入ったことをきっかけとして「国民」の連帯や、統一された国民国家が必要だという意識が一気に広まりました。

有名な「ドイツ国民に告ぐ」という講演がなされたのは、この時期です。ドイツの哲学者フィヒテ[*5]は、イエーナの戦い[*6]の敗戦のため、ナポレオン一世占領下のベルリンでこの講演を行い、ドイツ諸邦におけるドイツ語・ドイツ文化教育の強化を訴え、国民の覚醒を促しました。これはフランスに対抗しようという動機からです。

強烈な「共通の敵」が出現すると、それまで仲間意識が希薄だった人々の間に強い連帯感が生まれ、急に「一致団結」などと叫ぶようになる――。これは、今でも（意外に身近なところで）見られる現象です。

## ユダヤ人は内部か？　外部か？

十九世紀ヨーロッパの歴史は、そのまま国民国家形成の歴史といっても過言ではありません。国民意識の広がりを受けて、政治家たちは国民国家の建設を目指すようになります。国民意識を味方につければ、統治は安定します――ただし、国民意識が暴走すると、手がつけられなくなります。

しかしヨーロッパでは、様々な言語、宗教、習慣を持つ人々が一つの地域に混在し、また、政治的境界線もしばしば変動するため、「国民」が居住する地域の境界線と、統治機構としての「国家」の領域がなかなか一致しないという事情がありました。いまだかつて百パーセントの一致をみた国民国家はありませんが、無理やり一致させようとすると、どうしても問題が起きます。それは「仲間」と「仲間ではない人」の選別です。

比較的早い時期に現在とほぼ同じ国境線を持った国家が誕生し、それに伴って国民意識が早くから浸透し始めた英国やフランスと比べて、ドイツやイタリア、東欧諸国は、国家の統一が遅れ、そのため近代化も遅れていました。ドイツ人の居住地域は、数十の領邦国家に分かれていました。その内、最も有力だったのが、神聖ローマ帝国[*7]の皇帝の血筋であるハプスブルク家のオーストリアと、新興の軍事国家であるプロイセンですが、いずれも領土内にスラブ系やハンガリー系など、異なった民族を抱えており、純粋なドイツ人の国家とは言えませんでした。

当時、ドイツや東ヨーロッパ、ロシアには、かなりの数のユダヤ人が定住していました。すでに国家のなかで、それなりに重要な役割を担っていた彼らをすべて追い出すわけにはいきません。うまく「仲間」に取り込んでいくため、同化が進んでいたユダヤ人にも同権を保障する「ユダヤ人解放令」が各国で次々と出されました。

一七八一年にオーストリアで「宗教寛容令」、一七九一年にフランスで「ユダヤ人解放令」、一八一二年にプロイセン王国で「ユダヤ教徒解放令」が採択されます。これは、それまでゲットー（強制隔離されたユダヤ人居住区）に閉じ込められていたユダヤ人を解放し、職業・不動産所有・信仰の自由を与えるものでした。ユダヤ人は市民権を与えられたのです。そうしたなかにも違和感は残ります。

まさに国民国家がその発展の頂点においてユダヤ人に法律上の同権を与えたという事実のなかには、すでに奇妙な矛盾がひそんでいたのである。なぜなら国民国家という政治体《ボディ・ポリティック》が他のすべての政治体と異なるところはまさに、その国家の構成員になる資格として国民的出自が、また、その住民全体の在り方として同質性が、決定的に重視されることにあったからである。同質的な住民の内部ではユダヤ人は疑いもなく異分子であり、そのため、同権を認めてやろうとするのであれば、ただちに同化させ、できることなら消滅させてしまわねばならなかったのである。

この章段でアーレントが念頭に置いていたのは、特にドイツの状況でしょう。確かにドイツ語を話してはいるけれど、ユダヤ人は宗教的にも、ライフスタイルも、明らかに自分たちとは異なる「異分子」だと思われていました。

異分子であるユダヤ人を「国民」として取り込むには、ユダヤ人としての属性を放棄し、その色を抹消してもらわなければなりません。いわば、市民権を認められるということは、同時に国民として同化を強要され、ユダヤ人であることを否定されることでもあったのです。ドイツであれば、それは「我々」ドイツ人と「同質化」してもらう、ということです。アーレントは「消滅」という強い言葉を使っていますが、それも致し方ないと受け入れるユダヤ人がいる一方で、自分たちの歴史や独自性を手放すことに抵抗を覚える人も、当然出てきます。しかも、ドイツ人になりきったところで、自分たちに対する差別がなくなるという保証はありません。ここに、ユダヤ人の大きな葛藤が生じてきます。

かつては「外」にあって憎悪の対象だったユダヤ人は、国民国家が形成される過程で「内」なる異分子となりました。「すでに奇妙な矛盾がひそんでいた」とアーレントが指摘しているのは、ユダヤ人を「内」に取り込むことが、実は先鋭的なユダヤ人「排除」の序曲となっていたということです。

## 陰謀説に基づく異分子排除

フランスという強い「敵」に遭遇することで覚醒した国民意識は、国民国家形成の原動力となりました。しかし、「敵」との相違が育んだ仲間意識は、それを維持・強化するために、つねに新たな「敵」を必要とします。身近にいる誰かを、自分たちとは違うものとして仲間外れにしないと、自分たちのアイデンティティの輪郭を確認できないからです。

それまでバラバラだった国民が領土的、政治的に一つの形にまとまっていくと、より強力で安定した「仲間」関係を構築するため、まず他国民や他民族といった「異分子」を、できるだけ排除しようとします。目に見える異分子を排除すると、次は自分たちの近く、あるいは自分たちの内に潜む「敵」を探し出し、それを排除することで同質性の純度をさらに高め、そのことによって求心力を保とうとする。その標的となったのが、いったんは仲間として取り込んだ「ユダヤ人」でした。

ユダヤ人が標的となった原因は、前述の「違和感」だけではありません。ユダヤ人のなかには、国民国家が形成されつつあった絶対君主制時代、宮廷に仕えて国家の運営、特に経済官僚のような役目を担っていた人もいました。十九世紀に入ると国家の中枢における存在感は次第に薄れていきますが、培ったノウハウを活かして国際的な金融財閥を築く人たちが出てきます。その好例がロスチャイルド家です。

ロスチャイルドは、もともとドイツを地盤として栄えた家系ですが、当主と五人の息子がそれぞれイギリスやフランスなど別々の主君に仕えることで、一族を国際的財閥に仕立て上げました。彼らが圧倒的な存在感をもつようになると、あまり経済的に恵まれない非ユダヤ系ヨーロッパ人たちは、「ユダヤ人」が政治や経済を裏で動かしているのではないかと考えるようになります。

国際的な商業カーストとして、いたるところで利害をひとしくする家族的コンツェルンとしてのユダヤ人というイメージがくりかえしあらわれ、やがてこうしたイメージは、王座のかげにかくれた隠密の世界勢力、あるいは世界のあらゆる出来事の裏で糸を引いている全能の秘密結社といった幻想へと変容した。ユダヤ人と国家機構との、同時にまた政治権力の中心との独特な関係は、はっきりと見きわめることはないけれど事実として存在し、そしてこの関係のゆえにユダヤ人は否応なしに権力一般と結びつけられていた。一方また、彼らが社会と絶縁し、家族のように狭いサークルのなかに閉じこもっていることも事実であるがゆえに、その権力とされるものを一切の社会的秩序の破壊のために利用するのではないかと否応なしに疑われたのである。

秘密結社のようなものが陰で社会を動かしているのではないかという幻想、まことしやかな陰謀説は昔からありました。通常、秘密結社というのは「秘密」ですから、見えにくい存在です。しかし「ユダヤ人」は身近にたくさんいて、その姿・振る舞いは目に見えます。

外見的には自分たちとさほど違わないけれど、ユダヤ人という独自の「国民」意識を持っている「ように」も見えるし、信条を同じくする、いわば宗教団体の「ように」も見えます。実際には、すでにユダヤ教を捨てている人もいましたが、そんなことは外からは分かりません。宗教を捨ててもユダヤ人コミュニティにとどまり、ユダヤ人としか付き合わない人も多かった。その閉鎖性も「何か企んでいるのではないか」という想像を逞しくさせたのでしょう。

差別されるからユダヤ人とばかり付き合うのか、ユダヤ人とだけ付き合っているから余計に差別されるのか。実際のところは分かりませんが、アーレントの家族もユダヤ人との付き合いが多かったといわれます。

当時、ヨーロッパには千数百万人くらいのユダヤ人がいたはずですから、内実が見えにくいユダヤ人やユダヤ人コミュニティを脅威に感じたとしても不思議ではありません。社会のなかで目立っていたのは一部のユダヤ人だったとしても、そのイメージがすべてのユダヤ人に適用され、疑いや妄想をふくらませる土壌となっていったわけです。こうした短絡は今の時代にも数多あります。

ユダヤ人が目立っていたのは、金融の世界ばかりではありません。十九世紀、ドイツ語圏には東ヨーロッパから大量のユダヤ人が流入し、オーストリア・ハンガリー帝国の首都ウィーンでは大学教授の四割、医者や弁護士の五割前後がユダヤ人で占められるようになりました。割合が増えると、実際の数よりも多く感じられるものです。ドイツ系の一般市民や知的エリートにすれば、これも脅威であり、妬みや憎悪を増幅する一因となりました。

こうした状況はドイツ語圏のみならず、ヨーロッパ全体に広がっていました。何かのきっかけでユダヤ人への憎悪が爆発してもおかしくない——そんな空気が漂っていたなかで起きたのが「ドレフュス事件」です。

## 「ドレフュス事件」と反ユダヤ主義

一八九四年、フランス軍の参謀本部に勤めるユダヤ系将校、アルフレド・ドレフュスがドイツ帝国のためにスパイ行為をしていた容疑で逮捕され、はっきりした証拠もないいま、南米のフランス領ギアナにある悪魔島への終身流刑の判決を受けました――悪魔島は流刑地として悪名高い所で、映画『パピヨン』[*8]の舞台になったところです。問題となったのは裁判の過程です。ドレフュスがユダヤ人だったため、最初から必要以上に強い嫌疑をかけられ、軍事法廷での非公開審理により全員一致で終身流刑に処されたのです。その後、一八九六年に真犯人が明らかになりましたが、軍部はこれを隠匿しました。

これが「事件」として注目を集めたのは、ドレフュスに対する差別的な扱いをめぐって大論争が起こったからです。ユダヤ人のみならず、後に首相になる政治家でジャーナリストのジョルジュ・クレマンソー[*9]や、自然主義の作家エミール・ゾラ[*10]などフランスの知識人と共和派の多くが憤激し、裁判の不当を訴えて軍部・右翼と対立しました。ドレフュスの無罪を主張した参謀本部の情報部長であったピカール大佐が逮捕され、ゾラが参謀本部を誹謗したかどで有罪判決を受け、一時英国に亡命するなど、多くの人が巻き込まれていきました。

一八九九年にレンヌで開かれた軍事法廷でドレフュスは情状酌量という形で禁固十年に減刑されたうえで、同年、大統領の特赦を受けましたが、事実を明らかにするための再審は、議会の反対決議もあって実現しませんでした。クレマンソーが首相になった一九〇六年になってようやく最高裁に当たる破棄院での再審が始まり、レンヌでの判決は無効とされ、ドレフュスは無罪判決を受けますが、軍事法廷に審理をやり直させることは破棄院の権限外だったため、彼の法的名誉は完全には回復されませんでした。その後も、一九〇九年にドレフュスを襲った暴漢が無罪判決を受けるという事件がありました。更に、三一年にパリで劇『ドレフュス事件』が上演された際、右翼団体「アクシオン・フランセーズ」[*11]が殴り込みをかけ、妨害したにもかかわらず、当時の政府は傍観を決め込み、ジャーナリズムも沈黙したため、上演中止に追い込まれ、むしろ「アクシオン・フランセーズ」が、よくやったと評価されたかのような空気になりました。こうした一連の問題を通して、ユダヤ人に対する差別の根深さが証明されることになりました。

アーレントに言わせると、こうした感情的な反ドレフュス的風潮が続いたのは、人々の間に議会や国家機構がユダヤ人に牛耳られているのではないかという不信感が強くあったからであり、反ドレフュスという形で噴出する反ユダヤ主義は、同時に反民主主義・反共和主義を意味していました。当時のフランスの共和政（第三共和政）は、一八七〇年に成立したばかりで、それ以前は王制や帝政だったため、共和政を否定する復古的な勢力も少なからず残存していました。獅子身中の虫であるユダヤ人を庇うような共和政や民主主義だとすれば、それは自分たちにとっての「敵」の道具であり、そんなものはいらない、廃棄して、本当に「私たち」のためになる政治の枠組みに替えるべきだ、というわけです。こうした観点から既成の国家を否定するような考え方は、第3章で見る、全体主義運動の反国家的な性格に繋がっていきます。

この事件に関連して、アーレントは次のような指摘をしています。

ドレフュス事件で重要なことは、フランスについ最近まで反ドレフュス派が存在したということではなく、『シオンの賢者たちの議定書』[*12]がまだあらわれていない時期に、すでに「秘密ローマ」もしくは「秘密ユダ王国」が世界をあやつる糸を手中にしているかどうかという問題に一国民全体が頭を痛め、のめり込んでいたことである。

ここでいう「つい最近」とは、第二次世界大戦の前後くらいの時期までのことです。先ほどお話ししたように、それほどドレフュス事件の余波が続いたわけです。『シオンの賢者たちの議定書』とは、シオンの賢者と呼ばれるユダヤ人の指導者たちが企んでいた世界征服・世界支配の計画書（と思われたもの）です。

初めて世に出たのは一九〇三年ですから、ドレフュス事件の約十年後。一九二一年にはイギリスの『タイムズ』紙によって偽書だったことが明らかになりますが、すでにこれを読んでいた民衆はその計画を信じ、あからさまなユダヤ人排斥に拍車をかけることになりました。

アーレントが重視したのは、このようなニセの計画が流布する前から、ユダヤ人が秘密のユダ王国のようなものを作って世界征服を狙っているのではないかということをかなり本気で心配していた人々がおり、そうした地盤が存在したからこそ、この偽書に飛び付いたのだということです。

**ユダヤ人同士でも差別意識が**

さらにアーレントは、ドレフュス事件の余波に関連して、ユダヤ人自身の残念な部分にも言及しています。

> 不幸なドレフュス大尉の事件は、人権などなく、社会が法の保護の外に置いておこうとしてきたあのパリアの名残が、すべてのユダヤ人の男爵、すべてのユダヤ人富豪、すべてのユダヤ人のナショナリストのなかに今なおひそんでいることを全世界に証明してしまった。そのことを理解するのに最も困難があったのは、ほかでもなく解放されたユダヤ人自身だった。彼らはまさに諸民族の政治的発展にほとんど関与し得なかったからこそ、何世紀ものあいだ同権の獲得を一つの信仰箇条にまでしてしまっていたのである。

パリアとはインドの不可触民を意味する言葉で、ここでは法の保護の外に置かれて人間扱いされていない人々のことを指します。つまり西欧社会は、ユダヤ人の男爵も、富豪も、ナショナリストさえもパリアのままにしておきたいと潜在的に望んでいた、ということです。

アーレントがここに挙げているのは、いずれも「自分は同化できている」と素朴に信じていた人たちです。社会的に認められるため爵位を「買った」ユダヤ人も多く、ユダヤ人の男爵はたくさんいました。ユダヤ人のナショナリストとは、ドイツ人やフランス人になりきって愛国を叫んでいた人たちです。それでも排斥から逃れることはできない。ドレフュスのように、国家機構である軍の将校でもパリアに貶《おとし》められたのだから、推して知るべし、というわけです。

しかし、そのことを理解できなかったのは、ほかでもない「解放されたユダヤ人自身」。つまり、同化することに心血を注いできたユダヤ人の男爵や富豪、ナショナリストたちだったと、アーレントは釘を刺しています。

彼らには、新たに東方からやってきて、社会の底辺にいたユダヤ人を蔑み、そういう人たちと距離を置く傾向がありました。自分たちは排斥の対象になるようなユダヤ人とは違う――という幻想を抱いていた人たちへの、いわば皮肉です。国民国家形成期におけるユダヤ人解放は、ユダヤ人同士の間にも差別意識を生んでいたとアーレントは考察したのです。

## 政党が「反ユダヤ主義」を掲げる

国民国家が勃興する十九世紀にあって、祖国たる土地を持たないユダヤ人は、自分たちの国民国家を築ける状況にはありませんでした。どこかの国に身を寄せざるを得なかったわけですが、そこでどんなに同化しようと努めても、社会的地位があってもなくても、異分子であることに変わりはなかったのです。

ユダヤ人をどう処遇するかということについて、政権の中枢にいる人々と一般民衆との間には意見のズレがありました。しかし、ユダヤ人を排除することが賢い政策ではないと分かっていても、『シオンの賢者たちの議定書』のようなものが流布し、それを信じた民衆がユダヤ人への憎悪・反感を募らせていくと、政治家はそれを無視できなくなります。

絶対君主制時代であれば、国王と一部の官僚の判断で、いかようにも処遇できました。

しかし、民衆が国民意識を持ち、政治に関わり始めるとそうはいきません。国家的事業も国王直轄であれば、たとえそこにユダヤ系資本が入っていても、その存在が目立つことはありません。しかし国民国家において、ユダヤ人が民間資本として大事業に参入すれば、これはいやでも目立ちます。そこに一つでも不正が発覚すれば、それを恰好の材料として、世論は一気に反ユダヤ主義へと流れていきます。

その最たる例が、フランスのパナマ運河疑獄[*13]です。パナマ運河の建設はフランスの民間会社の事業でしたが、フランス国民には国家事業とみなされていました。この事業が破綻し、八十万人もの国民が買った株と社債は紙くずと化したのです。すでに破産状態だったのに債券が発行されたのは、多くの大臣や議員たちが運河会社から賄賂《わいろ》を受け取っていたからだとされています。運河会社の財務担当として賄賂工作を行ったのが二人のドイツ系ユダヤ人だったということが報じられると、市民の反ユダヤ感情に火がつき、それが先述のドレフュス事件につながったともいわれます。

経済を牛耳っているのはユダヤ資本、アカデミズムで幅をきかせているのもユダヤ系の知的エリート――。そこに賄賂工作や機密情報の漏洩といった邪悪をイメージさせる事件が重なると、『シオンの賢者たちの議定書』に書かれていたことが、現実味をもって民衆の間に浸透してしまう。それが事実であるかどうかは、ここでは問題になりません。

十九世紀の「反ユダヤ主義」について考察した第一巻は、様々な事象や要素を縦横に引きながら論じられています。分かりにくい部分もありますが、一言でまとめるならば、国民国家が形成される過程でユダヤ人の同化が進み、社会に溶け込んで活躍するようになればなるほど、ユダヤ人が国家を乗っ取り、世界征服を目論んでいるように見え始めた、ということを指摘しています。

国民意識を満足させる仮想敵は、もしかすると誰でもよかったのかもしれません。しかし、古くからヨーロッパ諸邦における迫害の対象であり、しかも国民国家の内部に入り込んで見えにくくなっていたユダヤ人は、国を内側から侵食する「敵」としてイメージされやすかったのです。

「社会の敵」としてのユダヤ人のイメージが西欧諸国で広まると、民衆の感情を利用した反ユダヤ主義政党も現れます。プロレタリアート（労働者階級）の国際的連携を訴える社会主義政党のなかにも、反ユダヤ主義的感情を煽るものがありました。アーレントは、こうした動きに着目し、全体主義、延《ひ》いてはナチスによるユダヤ人問題の「最終解決」へとつながる起原としたのです。

アーレントが第一巻の最後の章でパナマ運河疑獄やドレフュス事件のことを中心点に取り上げているのは、これらの事件が十九世紀末における政治的反ユダヤ主義を象徴する大事件であったのもさることながら、第二次大戦中に、全体主義国家であるドイツやイタリアと対決した自由民主主義の国、フランス革命の理念を受け継ぐというイメージの強いフランスにも、反ユダヤ主義が根付いていたことを改めて示唆するためでもあるでしょう。先ほど、お話ししたように、第二次大戦が始まる少し前まで、フランスでも「アクシオン・フランセーズ」による反ユダヤ主義的な行動が社会的に黙認されていたわけです。少し条件が違っていれば、フランスでも全体主義的な政権が誕生していたかもしれない。政治的反ユダヤ主義は、ドイツだけの問題ではなかったのです。

## 「敵」をつくるのはだれか

アーレントの記述から確実に言えることは、国家を同質的なものにしようとすると、どうしても何かを排除するというメカニズムが働くということです。社会の大多数は自分の今の境遇や考え方に共感してくれるような人たちで、自分にとっての敵は、ごく少数の特殊なグループである。そいつらさえどうにかなってくれたら——。そう思うことができれば、不安な気持ちが少し落ち着いてくる、ということはあるでしょう。アーレントより一世代前のドイツの法学者、カール・シュミットは、「政治の本質は、敵と味方を分けることだ」と言っています。それは現代においても同様です。

ヨーロッパを中心とする移民排斥の動き、アメリカの大統領が打ち出しているムスリム排除。なかでも最も典型的といえるのが、二〇一七年五月に大統領選挙が行われたフランスです。

フランスは、植民地のアルジェリアや、モロッコ、チュニジアからの移民を労働力として活用してきた歴史があります。しかし国内の失業率が高くなると、かつてのユダヤ人のように「内」なる異分子であるアルジェリア人やチュニジア人が元凶として名指しされるようになりました。実際には、それが主要な要因ではないはずですが、人々の目はどうしても異分子に向いてしまいます。

自分たちは悪くない、と考えたい。それが人間の心理です。つまり、自分たちの共同体は本来うまくいっているはずだが、異物を抱えているせいで問題が発生しているのだ——と考えたいのです。自分たちの共同体に根本的な問題があると考え、それを直視しようとすることには大きな痛みが伴いますが、身体がウイルスに侵されるように、国内に潜伏する異分子に原因を押し付ければ、それを排除してしまえばよい、という明快な答えに辿り着くことができます。

しかし、異分子を排除したところで、根本的な問題の解決にはなりません。それは歴史を見ても明らかでしょう。日本でも、何か問題が起こると「自分たちではない」何かに原因と責任を押し付け、安易に納得したがる傾向は見られます。「反ユダヤ主義」の巻に綴られた話は、決して遠いヨーロッパの他人事ではありません。国民国家である（という体裁をとっている）以上、異分子排除のメカニズムが働く危険性は、私たちの足元にある。そのことを意識して身近な事象や問題を見たり、考えたりすることが大切なのではないでしょうか。

＊1　**『旧約聖書』の「申命記」**　「同胞には利子を付けて貸してはならない。銀の利子も、食物の利子も、その他利子が付くいかなるものの利子も付けてはならない。」(23章20節、日本聖書協会新共同訳による)

＊2　**トラファルガー海戦**　一八〇五年十月。英国上陸を目指したフランス・スペイン連合艦隊と英国艦隊によるスペインのトラファルガー岬沖での海戦。ネルソン提督(戦闘中に死亡)の作戦が功を奏して英国が大勝し、英国はナポレオンの支配を阻止した。

＊3　**アウステルリッツの戦い**　一八〇五年十二月。ナポレオンの東方進出を阻もうとするオーストリア・ロシア連合軍と、フランス軍とによるオーストリアのアウステルリッツ(現チェコ領)での戦い。フランス軍の大勝利に終わり、オーストリアはドイツ諸邦の盟主としての地位を失うことになる。フランス、オーストリア、ロシアの三人の皇帝が戦場で相まみえたことから、三帝会戦ともいう。トルストイの『戦争と平和』では、この戦争とそれをめぐるロシアの社会情勢が詳しく描かれている。

＊4　**ワーテルローの戦い**　一八一五年六月。いったん失脚した後、再び帝位に就いたナポレオン率いるフランス軍と、英国・オランダ・プロイセン軍によるベルギーのワーテルローでの戦い。ウェリントンが率いる連合軍が勝利したことで、ナポレオンの失脚が決定的になった。

＊5　**ヨハン・ゴットリープ・フィヒテ**　一七六二〜一八一四。カントの影響を強く受けたドイツ観念論の哲学者。人間の知識の全てを、自我を中心とした哲学理論によって基礎付け、一つ

の体系へとまとめる「知識学」を構想する。ナポレオンに占領されたベルリンで、一般聴衆向けの講義「ドイツ国民に告ぐ」を行う。一八一〇年にベルリン大学が創設されると、哲学教授に就任し、翌年総長に選出される。

**＊6　イエーナの戦い**　一八〇六年十月。ナポレオン一世率いるフランス軍とプロイセン王国軍の戦い。この戦いに敗れたため、プロイセンはフランス軍占領下に置かれ、多くの領土を失ったうえ、軍備も制限された。

**＊7　神聖ローマ帝国**　現在のドイツにほぼ対応する東フランク王国の国王が、十世紀にローマ教皇から、神の摂理によって復興したローマ帝国の皇帝として戴冠したことに由来する、ドイツ系の諸邦をまとめた緩やかな連邦制的枠組み。七選帝侯によって皇帝が選ばれる時代もあったが、十五世紀に入ると現在のオーストリアを拠点とするハプスブルク家が帝位を世襲した。イタリアなどへの侵略を停止して帝国の領域がドイツに限定されるようになった十五世紀末から「ドイツ国民の神聖ローマ帝国」と呼ばれるようになるが、帝国内の諸侯の力は強く、国民国家の建設は遅々として進まなかった。特に十七世紀半ばのウェストファリア条約によって各領邦が主権を獲得すると帝国は名目だけとなり、さらに十九世紀初頭のナポレオン戦争では多くの領邦が帝国からの脱退を宣言して神聖ローマ帝国は完全に消滅。そののちオーストリアとプロイセンの間の主導権争いが続いた後、勝利したプロイセンを中心にドイツ統一が達成される。

＊8　**『パピヨン』**　一九七三年製作のアメリカ映画。胸に蝶の刺青をしていることから「パピヨン」と呼ばれる男が、仲間の裏切りにあっていくつもの罪を着せられ、終身刑の判決を受けて「悪魔島」に流刑になり、国債偽造の罪で一緒に服役していたドガ等と共に、何度も失敗しながら脱獄を試みる物語。

＊9　**ジョルジュ・クレマンソー**　一八四一～一九二九。フランスの政治家、ジャーナリスト。一八七一年に下院議員に当選し、最左派の社会主義系グループに属して、第三共和政の政府の植民地政策を批判する。九三年に総選挙で落選した後、日刊紙『オーロール』の主幹になる。ドレフュス事件では、ドレフュス擁護の論陣を張り、ゾラの大統領宛て告発文『我弾劾す』を掲載する。一九〇六年から〇九年まで首相を務める。

＊10　**エミール・ゾラ**　一八四〇～一九〇二。フランスの小説家。著書に『居酒屋』『ナナ』など。「知識人」という言葉が、専門領域を超えて世論を喚起するためジャーナリスティックな場面で発言する人という含意をもって使われるようになったのは、ドレフュス事件に際して発言・活動したゾラたちに起因する。

＊11　**アクシオン・フランセーズ**　ドレフュス事件をきっかけに組織された、フランスの王党派のナショナリズム団体。共和政の廃止と王制復古を訴えた。宗教面では反ユダヤ、反フリーメーソン、反プロテスタントの立場を取る。一九三〇年代に過激な行動を繰り返し、イタリアのファシズム政権とも連携を図る。第二次大戦でフランスがドイツに敗北した後、フランス南

部の非占領地域に樹立された、ペタン元帥を指導者とする傀儡のヴィシー政権に協力した。

*12 『シオンの賢者たちの議定書』　一九〇三年にロシアの新聞に掲載されたのが最初で、のちに本も出版された。ロシアの反ユダヤ主義者がユダヤ人を貶めるために捏造したとされる。その後、ロシア革命を機に、ロシア革命とユダヤ人の陰謀説を結びつけた各国版が世界中で出版された。

*13 パナマ運河疑獄　フランスの民間会社が一八八〇年に運河建設を開始。しかし工事は難航、資金は枯渇し、会社は先の見通しの立たない実質上の破産状態に陥っていたにもかかわらず、宝くじ付き社債の発行を政府に申請。八八年に議会採決を経て社債の発行にこぎつけたが、翌八九年に会社は裁判所の破産宣告を受ける。社債発行の許可にあたってクレマンソーら大臣や議員に賄賂が渡されていたことが九二年に暴露された。

# 第2章

# 「人種思想」は帝国主義から生まれた

た。

## 帝国主義と人種思想をめぐる逆説

『全体主義の起原』第一巻でアーレントが論じたのは、異分子を排除することで同質化を図ってきた西欧の「国民国家」と、その過程で顕在化した「反ユダヤ主義」の問題でした。

一応の政治的統一を遂げた西欧諸国は、経済的にも資本主義が緒《ちょ》に就き、次第に西欧の「外」へと目を向けるようになります。工業製品の原材料や市場を求めてアフリカやアジアの国々に進出し、競うように植民地を拡大していきました。そのなかで人々の意識に起きた変化や、国民国家が直面した諸問題について考察したのが第二巻「帝国主義」です。

西欧諸国の帝国化が加速したのは十九世紀の後半。その罪過としてアーレントが注目したのは、「人種」思想と「民族」的ナショナリズムです。帝国主義がもたらしたこの二つの思潮は、やがて国民国家を解体へと向かわせ、それが全体主義に継承されていったのだと指摘するのです。国民国家の基盤である「国民」意識は「排除」のメカニズムを起動しただけでなく、帝国化を推し進める「拡張」のエンジンとなって、国民国家の枠組みを自ら壊していったのです。

なぜ、このような本末転倒が起こったのか。その原因として、国民国家と帝国主義は、そもそも相容れないものだったとアーレントは分析しています。

永続性のある世界帝国を創設できるのは、国民国家ではなく、ローマ共和国のように、本質的に法によって基礎付けられた国家形態だ。というのも、後者には万人に等しく適用される立法の権威があり、この権威に基づいて帝国全体を支える政治制度が形成されていたからである。こうした権威と制度があれば、征服の過程においてきわめて異質な民族集団を現実に統合することが可能になる。国民国家はこのような統合の原理を持たなかった。国民国家はそもそもの初めから同質的住民と政府に対する住民の積極的同意（ルナン[*1]の言う "plébiscite de tous les jours"〈毎日の人民投票〉）を前提としていた。国民（ネイション）は領土、人民、国家を歴史的に共有することに基づいている以上、帝国を建設することはできない。国民国家は征服を行った場合には、異質な住民を同化し、「同意」を強制するしかない。彼らを統合することはできず、また正義と法についての自らの基準を彼らにあてはめることもできない。その

ため征服を行えばつねに圧制に陥る危険がある。（『全体主義の起原』第二巻、以下引用部同様）

アーレントが「ローマ共和国」といっているのは、古代に隆盛を極めたローマ帝国[*2]のことです。多民族・多宗教からなる広大な地域を一人の元首が治めていた古代ローマの帝国と、近代の帝国主義。同じ「帝国」という言葉を使ってはいますが、似て非なるものです。

決定的な違いは、その統治原理にあります。イタリア半島のラテン人をベースとするローマ帝国は、被支配地の人たちにも（一定の条件を満たせば）ローマ市民権を与え、ローマの法の下で平等に扱うことを原則としていました。『新約聖書』にそのことを端的に示すエピソードがあります。「使徒言行録」二十二章です。エルサレムを訪れたパウロは、異邦人への伝道に批判的なユダヤ人に非難されます。ローマ人の役人が彼を連行してむち打ちで取り調べを行おうとしたとき、パウロは、「ローマ帝国の市民権を持つ者を、裁判にかけずに鞭で打ってもよいのですか」（二十五節）と役人に訴えたとされています。

ローマ市民権をもつ自分はローマ法に従って裁判を受ける権利がある――と主張したわけです。

しかし近代の国民国家は、ドイツ人、フランス人、イギリス人といった単一の同質的な「国民」をベースとする共同体です。見た目も、言語などの文化的伝統も明らかに異なる植民地の人々を、易々と「仲間」に入れるわけにはいきません。「開かれた」法を備え、市民権を拡大することで異民族を仲間として組み込んでいった古代ローマの帝国に対し、十九世紀の諸帝国は、同一性の原理に基づく「閉じられた」帝国だったというわけです。

国民国家は征服者となる場合、必ず被征服民族の中に国民意識と自治の要求とを目覚めさせることになるが、こうした要求に対して、征服者となった国民は原理的に無防備だった。永続性のある帝国を設立しようとする、あらゆる国民的試みはこの矛盾のため挫折し、国民国家を致命的な自己撞着に陥れた。

近代の帝国主義は、宗主国である国民国家の繁栄を目的とした植民地支配システムです。「仲間」にできない被支配地の人々を治めていくには、強権を発動し、圧政を敷くほかありません。

そうなると、当然ながら相手は反発します。「ここは我々の土地だ」「なぜ異民族に支配されなければいけないのか」。こうした考え方は、かつてヨーロッパの人々を国民国家建設へと駆り立てた不満と同じです。自分たちの原点でもある自治の要求に対し、国民国家は「原理的に無防備だった」とアーレントは断じています。つまり、国民国家という枠組みから展開された近代の帝国主義には、最初から無理があったということです。

## 「人種」思想はなぜ生まれたか

国民国家が展開した海外帝国主義——なかでもアフリカにおける植民地争奪戦は、ヨーロッパの人々に「人種」というものを強く意識させる契機となりました。国民国家を形成する際に、彼らが重視したのは「文化」的アイデンティティを互いに共有できるかどうか、ということでした。しかし、ヨーロッパ人がアフリカで目の当たりにしたのは、文化の問題以前に、習俗や生物学的な特徴が圧倒的に異なる人々。そして、すでにアフリカに根を下ろしていた「白人」による異様な「非白人」支配の実態でした。

二十世紀の人種思想にとって決定的だったのはヨーロッパ人がアフリカで味わった経験だが、これがヨーロッパの人々の意識に広く滲透《しんとう》するきっかけになったのは「アフリカ争奪戦」と膨張政策である。アフリカに根を下ろした人種思想は、ヨーロッパ人が理解することはおろか、自分たちと同じ人間だと認める心がまえさえできていなかったような種族の人間たちと遭遇したとき、危機を克服すべく生み出した非常手段だった。

いち早く「アフリカに根を下ろした」のは、十七世紀にオランダから南アフリカに渡り、アパルトヘイトの基礎を築いたボーア人です。

アパルトヘイトとは、第二次大戦後の南アフリカで一九四八年に政権を獲得したボーア人系の国民党（四八年~九四年の政権党）が行った人種差別・隔離政策のことです。住民を四つの「人種」（白人・インド人・カラード・黒人）に分けて居住地を指定するなど、十数パーセントの白人支配者層が大多数の非白人を政治・経済・社会のあらゆる面で差別・支配しました。九四年にマンデラ政権が誕生して全面撤廃されるまでこの政策は維持されました。

十七世紀にオランダ東インド会社が東洋貿易の中継港としてケープ植民地を設けると、オランダ人の移住が始まります。ところが十八世紀末に英国が取って代わると、英国からの移住者が増え、両植民者の対立が激化することになりました。二度にわたる戦争に敗れて、オランダ系の人たちも英国の支配下に置かれることになりました。支配者となり、金やダイヤモンドの鉱山を掌握して豊かになった英国の植民者たちは、貧しい農民の境遇に追いやられたオランダ系の人たちを「ボーア人」と蔑称するようになりました。「ボーア人」というのは、「農民」を意味するオランダ語〈boer〉の英語読みです——なお、十九世紀末の民族ナショナリズムの高揚を背景に「ボーア人」はこの蔑称を嫌い、自らを「アフリカーナー」と称し今日に至っています。

英国人から抑圧を受けることになったボーア人は、自分たちの〝下〟にいる非白人にその圧力を転嫁するようになりました。差別されて、劣等感を覚えるようになった人が自分より〝下〟を見つけ、徹底的に差別することで、プライドを取り戻そうとするのは、私たちの日常でもよく見られる現象ですね。彼らは、「人間とも動物ともつかぬ存在に対する恐怖」から人種思想を生み出し、非白人への差別と、暴力による支配を強めていきました。

アフリカの大地に先住していた人々の容姿、漆黒の肌に漲《みなぎ》る「野性」は、何も知らずにこの地に乗り込んできた白人を震え上がらせたのだと思います。しかし、そこでひるんでしまうわけにはいきません。

何とかしてアフリカ人を押さえつけ、生き延びていかなくてはならない。危機的状況に追い込まれたボーア人が「非常手段」として生み出したのが「人種」思想だったとアーレントは考察しました。つまり、同じ人間の姿はしているけれど、我々＝白人と、彼ら＝黒人は「種」が違う。その違いに優劣の価値観を持ち込み、劣等な野性には暴力をもって対峙するほかない、と考えたわけです。

無論、ヨーロッパ人はずっと以前からアフリカやアジアにいる非白人の存在を知っていましたが、「人種」ということを本格的に意識するようになったのは、帝国主義的な政策を通して、多くのヨーロッパ人がアフリカなどで長期にわたって生活し、非白人的な世界の存在を身をもって知るようになって以降だといってもいいでしょう。「彼ら」に取り囲まれて、少数派として生きていくことに対する不安が、「人種」的な優越感という転倒した形で表れてきたのかもしれません。

こうした状況に対応するかのように、フランスの外交官で作家でもあったアルチュール・ド・ゴビノー[*3]は、『人種不平等論』（一八五三―五五）を著し、黒・白・黄の三人種間の差異は自然が設けた障壁であり、混血によってその障壁が破られることで文明が退化すると主張しました。無論、ゴビノーは最も優秀なのは白人である、ということを大前提としています。

### 『地獄の黙示録』と人種思想

ヨーロッパ人がアフリカで経験した衝撃や、そこで醸成された人種思想をリアルに伝える文学作品として、アーレントは『闇の奥』[*4]を参照しています。これは、イギリス船の船乗りだったポーランド系の作家ジョゼフ・コンラッドが、自身のアフリカ経験を元に著した小説です。ベルギー支配下にあったコンゴを舞台に、母国では厄介者扱いされていたクルツ（Kurtz）という（名前からしておそらくドイツ系の）男が、原住民を従えて築きあげた王国のグロテスクさを描いています。

クルツはある貿易会社の奥地の出張所を任されていたのですが、人を惹きつける巧みな話術や演技によって現地人たちから神のような崇拝を受けるようになります。現地の風習をベースにしながら、彼を祀るための奇妙な宗教的儀礼が出来上がります。象牙の魅力に取りつかれた彼は、現地人たちが所蔵している全ての象牙を自分の家に集めさせ、大量の象牙に囲まれて暮らしている。それに逆らおうとする者は、撃ち殺すぞと脅迫します。彼の家の周りには、杭の先に刺さった干からびた反逆者の首が並べられています。槍、楯、弓などの武器を持った全裸の集団が狂人のような不気味な動きをしながら、彼の命令を執行する。ただ、その彼も病に冒され、まさに死なんとしています。その臨終の床で、「地獄だ！　地獄だ！」と叫びます。クルツのモデルになったとされる実在の人物がいますし、植民地で自らの暴力的な支配欲を充たした人は、かなりの数いたことでしょう。

これを原作として製作されたのが映画『地獄の黙示録』[*5]。舞台はベトナム戦争中のカンボジアの奥地で、マーロン・ブランド演じる、元特殊部隊の作戦将校のカーツ（Kurtz）大佐が、小説におけるクルツの狂気を具現するかのような王国を築きます。若干違うのは、語り手がカーツの暗殺を命じられた陸軍空挺部隊の将校という設定になっているほか、戦争の狂気も織り込まれているところでしょう。

余計者だったクルツは、「暗黒大陸」と言われたアフリカで、文明化されていない（ように見える）現地人の立ち居振る舞いに遭遇し、人間の無意識に潜む「闇」、原始的な暴力衝動のようなものを「再発見」してしまった。「闇」の力を知った彼は、深く絶望すると同時に、その力を利用して、自らが支配者になろうとしたわけです。白人の身勝手な妄想ですが、その妄想が巨大で残酷な暴力を生み出すこともある。コンラッドはそうした、他者に対する幻想から生まれる暴力性を描くのにすぐれた作家で、アーレントもそこに注目したからこそ、『全体主義の起原』のなかで例示しているのだと思います。

なお、アーレントはクルツのような、社会の厄介者を「モッブ mob」と呼び、全階級、全階層からの脱落者の寄り集まりと説明しています——「モッブ」はもともと、暴徒とか群衆、下層民、ならず者集団のような意味の言葉ですが、アーレントは、彼らを資本主義社会から脱落した存在と捉え、独特な意味合いを与えているようです。植民地経営には、本国で失業者や脱落者として迷惑がられていた人も数多く動員されました。そうすることで失業問題など国民の社会的不満を解消するとともに、国民一丸となって海外進出しているという意識を高める効果もあったのです——二十世紀に入ってからの日本の植民地政策にも似たようなところがありますね。

彼らはコンラッドの『闇の奥』のクルツ氏のように「奥底まで空虚であり、無謀だが豪胆さはなく、貪欲だが大胆さはなく、残虐だが勇気はない」。彼らは何も信じないが、それでいて信じやすく、人に言われれば何でもすぐに信じ込んでしまう。社会とその価値評価からは吐き捨てられた彼らは自分自身しか頼るものがない状況に追いやられているが、その頼るべき自分自身は無に等しいことが明らかになるのだった。だが、たまたまクルツ氏のように他の者より少しばかり才能に恵まれた者がいた場合、そういう人間はその才能ゆえに遥かに危険な存在になった。とりわけアフリカのジャングルを出て母国に帰れた場合がそうだった。

アフリカやアジアでの「非白人」との遭遇は、ヨーロッパの人々に強い差別意識を植え付け、それは「白人」としてのアイデンティティやプライド、自分は宗主国の一員だという帰属意識を強めることにもなりました。

## 「大いなるゲーム」と全体主義

帰属意識がどのように醸成・強化されていったかを知る手がかりとして、アーレントが注目したのは一冊の児童文学作品。インド生まれの英国人作家、ラドヤード・キプリング[*6]が著した『少年キム』（一九〇一年）です。

この物語は、英国とロシアがインドで繰り広げた覇権争いを背景として描かれています。主人公のキムは、インドで孤児となったアイルランド系の白人。インド人として育ちますが、ひょんな事から、解脱の修行のためインドにやってきたチベットのラマ僧のお供をして旅することになります。その旅の途中で、英国の植民地支配に反逆しようとする地方の豪族の陰謀を知ることになり、駄賃をもらってそれを英国側に伝える仕事をしたとこ

ジョゼフ・コンラッド

*HEART OF DARKNESS*
『闇の奥』

---

ラドヤード・キプリング

*THE JUNGLE BOOK*
『ジャングル・ブック』

*KIM*
『少年キム』

---

トーマス・エドワード・ロレンス

*SEVEN PILLARS OF WISDOM*
『知恵の七柱』

ろ、大英帝国の諜報機関の幹部に見込まれ、スパイになるべく教育を受ける。カモフラージュのために、ラマ僧の旅に再び同行することを許される。そうやってキムは植民地支配の一端を担い、次第に宗主国の一員であることに誇りを抱くようになる――という冒険譚です。インド人の間で育ったキムの素直で自由な生き方と対比すべく、ヨーロッパからやって来た普通の白人のエゴイスティックで、現地人を理解しようとしない傲慢さも描かれていますが、〝本当の悪役〟は、インドの藩王国を支配するインドの有力者やそれを背後で支援し、漁夫の利を得ようとするロシア人です。しかも、英国のために諜報活動することが、キムの成長に繋がり、ずるい地元有力者を懲らしめることにもなるわけですから、植民地支配者である英国に都合のよい設定です。小説の中では、キムが巻き込まれた帝国主義的な鬩《せめ》ぎ合いが、「大いなるゲーム」と呼ばれています。

アーレントは、それに関わる人に、自分が物凄い出来事に立ち会っているかのように思わせ、現実的な利害は度外視して、それに参加し続けたいと思わせる「大いなるゲーム」に、全体主義の一つの原型を見ています。

キプリングの作品で最も有名なのは、おそらく、ディズニー・アニメにもなっている

『ジャングル・ブック』（一八九四年）でしょう――一九六〇年代の日本のアニメ『狼少年ケン』はこの作品から影響を受けたとされています。インドのジャングルで狼に育てられた主人公モーグリは、人間と出会い、野生動物の心を理解できるという特異能力を彼らに開陳します。ディズニー・アニメなどでは、ポジティヴな成長物語になっていますが、実は、成長して力をつけたモーグリは、自分を育ててくれた狼や他の森の動物たちを支配するようになっていく。そして結局は、人間社会に戻って、そこに自分の居場所を見出すのです。まるで、植民地原住民の野蛮な力を身に付けたまま故郷に帰ったクルツですね――コンラッドとキプリングはほぼ同年代の作家です。

『ジャングル・ブック』が書かれたのは、西欧諸国によるアフリカ争奪戦の最盛期。モーグリと動物との関係を、白人と植民地の非白人との関係に置き換えて読むと、帝国主義が獲得した人種思想が物語の通奏低音となっていることが分かります。動物（非白人）のことを理解できるというのは、いわば人間（白人）の勝手な思い込み（あるいはロマン）。動物の仲間であるかのように振る舞いながら、彼らを従え、最終的には人間社会（宗主国）に貢献すること――つまり、帰属意識の覚醒・強化を肯定的に描いています。

アーレントは、「アラビアのロレンス」として知られる、トーマス・エドワード・ロレンスにも言及しています。ピーター・オトゥール主演の映画『アラビアのロレンス』[*7]が上映されるのは、『全体主義の起原』が刊行されてから十一年後ですが、その元になったロレンスの自伝『知恵の七柱』や『砂漠の反乱』は一九二〇年代に、友人であった詩人ロバート・グレーヴスによる伝記『ロレンスとアラビア人たち』（邦訳タイトルは『アラビアのロレンス』）は三〇年代半ばに刊行されています。これらのロレンスの伝記に描かれているのも、いわば非白人社会に対するヨーロッパ人の壮大なロマンといえます。アーレントは、オスマン帝国[*8]からのアラビア人の解放のために献身したロレンスを、「大いなるゲーム」に純粋にのめり込み、そこに自らの生きる場を見出した帝国主義的な人間の実例として捉えています。キムも、モーグリも、ロレンスも、二つの異なる世界を行き来しながら調和させているかのように見えて、実は相手の野性や神秘性を巧みに取り込むことで、自分（白人）の力を拡大させています。

これらの物語に共通して見出すことができるのは、自分たちの世界を広げるために相手を利用するヨーロッパ人の、身勝手ともいえる考え方でしょう。アーレントは、そうした考え方のなかで、異人種に対する差別、白人としての同一性や各々の「国民」意識が拡張・強化されていったと指摘しています。

植民地支配がもたらした意識の変化は、十九世紀にイギリスで「優生思想」が生まれたこととも呼応しています。優生思想とは、人間には進化の度合いが高い人種と、進化の遅れた劣等人種があるとして、生物学的な（しかし厳に科学的とは言いがたい）優劣をつけるもの。同じくイギリス生まれの進化論[*9]を、発想の源の一つとしています。

人種主義や優生思想は、ドイツやロシアなど、植民地開拓という「地球の新たな分割競争に割り込み損ねた」国々では「民族」的ナショナリズムとして広がっていきました。ドイツ語圏に人種思想を広めた重要人物に、イギリス出身でドイツに帰化した思想家ヒューストン・S・チェンバレン[*10]がいます。音楽家のワーグナー[*11]の娘婿で、ワーグナーのゲルマン神話に基づく世界観とゴビノーの人種不平等論の影響を強く受けています。彼は、生存競争で勝ち残り、西欧文明を発展させてきたアーリア人種こそが唯一の創造的な人種であるのに対し、ユダヤ人はセム系の人たちとの混血によって退化した人種だと主張しました。チェンバレンの『十九世紀の基礎』（一八九九年）は大きな反響を呼び、社会進化論や優生思想と結び付きながら、人種思想の拡大に大きく寄与しました。ヒトラーも、チェンバレンを愛読していたことが知られています。

## 「ドイツ」とは何か

ドイツ語圏における「民族」的ナショナリズムと反ユダヤ主義的な人種思想の繫がりを見ていく前に、ここで「ドイツ」をめぐる世界史的知識の復習をしておきましょう。現在ドイツがある地域には、フランク王国の流れを汲む神聖ローマ帝国が十世紀以来存在していましたが、神聖ローマ帝国の皇帝の権力はかなり限定的なもので、皇帝の臣下であるはずの各地の領邦君主（王、公爵、辺境伯、伯爵など）はほぼ独立した状態にありました。また、カトリック教会が各地にマインツ大司教領、トリーア大司教領といった、広大な領土を持っていました。皇帝は有力諸侯による選挙でえらばれることになっていました。ごく大雑把に日本と対比すると、室町・戦国時代の将軍と各地の守護・地頭や、有力な寺社の間の関係のようなものです。違うのは、ヨーロッパ諸国が国境を接していて、カトリックの信仰を中心に密接に結び付いていたことから、帝国外のフランス、イタリア、スペイン、英国などと常に干渉し合い、複雑な外交関係を結んでいたということでしょう。

十五世紀の半ば以降、現在のオーストリアを本拠地とするハプスブルク家が皇帝の地位をほぼ世襲化するようになりました。ハプスブルク家は婚姻関係を通じて、領土を広げ、最盛期である十六世紀には神聖ローマ帝国だけでなく、イタリアの南部やスペイン、ポルトガルの王位を兼ねました。この当時は大航海時代で、スペインやポルトガルが海外に多くの植民地を獲得していたので、それらもハプスブルク家の支配下に入りました。このまま行ったら、神聖ローマ帝国どころか、ヨーロッパの大半がハプスブルク家の大帝国として統一されてもおかしくなかったのですが、ルターやカルヴァンによる宗教改革の影響で、そうはいかなくなりました。

宗教改革というのはもともと、「神の代理」としてキリスト教の教義を自分の都合いいように解釈して、権力と富を手にしてきたカトリック教会に抗議して、信仰の自由を求める運動でした。しかし、神聖ローマ帝国の諸侯の中でそれに共鳴する人たちが出て来ると、神聖ローマ帝国の皇帝はそれを放っておくわけにはいかなくなります。皇帝の地位は、カトリックの総本山であるローマ教皇庁によって承認され、権威付けされているからです。皇帝の支配に不満を持っていた諸侯は、プロテスタント側に付きやすくなります。そのような政治的思惑も絡んで、カトリック＋ハプスブルク家対プロテスタント諸侯という対立図式が出来上がりました。十七世紀には、皇帝の地位の継承をめぐって、両派の対立が激化し、それにスカンジナヴィアやフランスなど、他の諸国も絡んできて、ヨーロッパの大半を巻き込んだ戦争になりました。世界史の教科書で、三十年戦争（一六一八―四八）として紹介されているものです。この戦争では、カトリックであるはずのフランスが、ハプスブルク家の力をそぐべく、プロテスタント側につくなど複雑な様相を呈しました。ただ、主戦場はあくまで神聖ローマ帝国、つまりドイツでした。当時神聖ローマ帝国は正式には、「ドイツ国民の神聖ローマ帝国」と呼ばれていました。

この戦争を終結させるために結ばれたウェストファリア条約では、ほぼ現在の各国の領土に対応するような形で、西欧諸国の間の国境線が定められ、各国の君主は、自分の領土でどの宗派を信じるか決定する権利を認められることになりました。これ以降、フランスを始めとする各国で、中央集権化と国民意識の形成が進んでいくことになるのですが、ドイツ（神聖ローマ帝国）の場合、各領邦国家、特にプロテスタント系国家の独立、主権国家化が決定的になりました。プロテスタント系の中で最も強力なのが、ベルリンの周辺のブランデンブルク地方とポーランドの北部からバルト海にまで至る地域を領有するプロイセンです。ドイツ語を話す「一つの国民」であるという意識は徐々に生まれますが、帝国内は三百ほどの領邦国家に分かれてにらみ合う状態が続きました。

第1章でもお話ししたように、ナポレオン戦争の敗戦以降、一つの国民国家にまとまるべきだという考え方が次第に浸透し、知識人や学生の間で、「自由と統一」を求める運動が盛り上がりました。しかし、それまで対立してきた領邦国家間の利害を調整して統一へと導くのは容易ではありませんでしたし、民衆主導で統一が実現すると、フランス革命の場合のように、君主たちの地位が危うくなる恐れもあるので、君主たちはあまり乗り気ではありませんでした。

加えて、二大リーダー的な立場にあるオーストリアと、プロイセンはいずれも、ドイツ系以外の「民族」を多く抱えています――民族の意味はこのすぐ後に説明します。特にオーストリアは、ハンガリー人、チェコ人、ルーマニア人、ポーランド人、ウクライナ人、イタリア人など、多様な民族が居住する多民族国家で、ドイツ系住民は全体の四分の一弱です。仮にオーストリアを盟主として、ドイツを統一し、ドイツ国民本位の政策を行うと、ハンガリー人やチェコ人が一斉に反発し、独立を求め始めるかもしれません。だから、ドイツ統一には慎重にならざるを得ない。かといって、プロイセンに盟主の地位を譲るのも嫌だ。そういうことから、オーストリアを入れて統一するか、抜きで統一するか、という駆け引きが続きます。「大ドイツ主義vs.小ドイツ主義」の対立として知られています。

最終的に、軍事や科学技術の面での近代化を急速に進めたプロイセンがオーストリアとの戦争に勝ち、更に、元々ドイツ語圏だったのに十七世紀以降フランスに領有されていたアルザス・ロレーヌ地方を、フランスとの戦争に勝って取り戻し、ドイツ帝国の成立にまで漕ぎ付けました。そこで辣腕を振るったのが、ビスマルク[*12]です。一応の国民国家の成立です――オーストリアが外れたので、完全な国民国家ではありません。一八七一年のことです。英国やフランスに比べてかなりの遅れを取りました。市民たちの権利意識や、国家権力に対抗して連帯していこうとする意識も相対的に希薄です。

## 『ドイツの歌』と「民族」的ナショナリズム

中央集権的な国家を中心とする近代化が遅れ、そのため植民地獲得競争でも遅れを取ってしまったドイツでは、十九世紀末に、「民族」的ナショナリズムが勃興しました。

ここでいう「民族」は、英語ではフォークダンスなどの「folk」であり、ドイツ語では「Volk（フォルク）」にあたります。言語などの同一性に基づいて、政治的な自立意識を共有する「国民」に対し、「民族」はルーツや歴史性を強調する概念。つまり「今」はどうであれ「かつて」は仲間だったことに注目した概念です。「国民 Nation（ナツィオーン）」、英語で言うと「nation（ネイション）」が、現在生きている人たちの政治的な自治の意識を基礎にしているので、その範囲がある程度限定されるのに対し、歴史的ルーツという曖昧なものによる「民族」は解釈次第でどんどん広がっていきます。

例えば「自分はドイツ人だ」という明確な国民意識を持つ人が住んでいる土地は、自ずと限られます。しかし「自分はドイツ人だ」という意識は希薄でも、ドイツ語を話す人、ドイツ語を解さなくてもドイツ系の名前を持っている人、あるいはドイツ的な文化の痕跡が多少なりとも認められる人々――というふうに考えていくと、そのエリアはぐっと広がります。「民族」は、そもそもの定義が漠然としている（敢えて曖昧にしている）ため、はるか昔にまで遡れば先祖は同じという程度であっても「仲間」と考えることができる。ドイツ人ならゲルマン民族[*13]にまでイメージを拡張することができます。

この拡張意識を象徴的に表しているのが、ドイツ国歌『ドイツの歌』[*14]です。これは第一次世界大戦後、ヴァイマル共和政の時代に国歌として採用されたもので、第一番の冒頭で、「ドイツ、ドイツ、すべての上に君臨するドイツ」と高らかに謳いあげた後、ドイツの潜在的領土を「マース川からメーメル川まで、エチュ川からベルト海峡まで」と謳っています。

92-93ページの地図で見ると分かる通り、マース川は現在のフランスを水源としてオランダやベルギーのほうに入り込み、メーメル川までとなるとポーランドがそっくり入ってしまいます。メーメル川の下流から中流はリトアニア、上流はベラルーシ。これを東方向に延長していくと、ロシア西部のヴォルガ川に至ります。ヴォルガ川下流域沿岸は、かつてロシアが開拓を進めるためにドイツから大量の移民を受け入れたという経緯があり、その子孫であるヴォルガ・ドイツ人が住み着いているのです。

『ドイツの歌』に示されたエリアは、北はデンマーク、南はイタリア、アドリア海にまで達し、その広大な土地はすべて「もともとはドイツ」なのだと示唆しています。当時のドイツの国境は、戦争に負けて領土を失ったこともあって、これほど広がってはいませんでした。昔のドイツの地図を見ると、この歌が神聖ローマ帝国時代の領土を念頭に置いていることが分かります。現在のドイツ国歌は往時の第三番――「統一と正義と自由」によって実現された幸福の輝きのなかでドイツは栄える、という内容の歌詞――のみを公式に採用していますが、カットされた第一番は、「マース川からメーメル川まで」と具体的に領域を示しつつ、「ドイツ、ドイツ、すべての上に君臨するドイツ」というフレーズを繰り返しています。

この歌詞のようなメンタリティが生まれた背景の一つとされているのが、十九世紀末頃からドイツやオーストリアの学者・学生の間で広まったワンダーフォーゲル運動[*15]です。これは、かつてドイツ民族が住んでいた土地を歩いて探訪しようというもの。当初は「心のふるさと」への遠足と、そこでのキャンプファイアを楽しむというアウトドア活動だったようですが、次第に愛国的な意味合いを帯び、ドイツ民族の土地は「本来」はもっと広大

# 『ドイツの歌』

作曲：フランツ・ヨーゼフ・ハイドン（1796年）
作詞：アウグスト・ハインリヒ・ホフマン・フォン・ファラースレーベン（1841年）
訳：仲正昌樹

〔1〕ドイツ、ドイツ、すべての上に君臨するドイツ
世界のすべての上に君臨するドイツ
この祖国を守るため
常に兄弟の団結があるならば
マース川からメーメル川まで
エチュ川からベルト海峡まで
ドイツ、ドイツ、すべての上に君臨するドイツ
世界のすべての上に君臨するドイツ

〔2〕ドイツの女たち、ドイツの忠誠
ドイツのワインとドイツの歌
この世界の中に保ち続けよう
古よりの美しき響きを
私たちの生が続くかぎり
高貴なる行為へと私たちが奮い立たされるように
ドイツの女たち、ドイツの忠誠、
ドイツのワインとドイツの歌

〔3〕統一と正義と自由
父なる祖国ドイツのため
それに向かって、私たち全員が力を尽くし
兄弟として心と手を携え共に励もう
統一と正義と自由は
幸せの土台
この幸福の輝きの中で花咲け
花咲け、父なる祖国ドイツ

※　ヴァイマル共和政以降、第1番のみを国歌としていた。第2次世界大戦後、第1番は敬遠され、ドイツがナショナリズムに走りそうになっていることを指摘するときに、その歌詞が引き合いに出されるようになった。第2番は国歌に適した内容ではないので、第3番が現在の統一ドイツの国歌となっている。

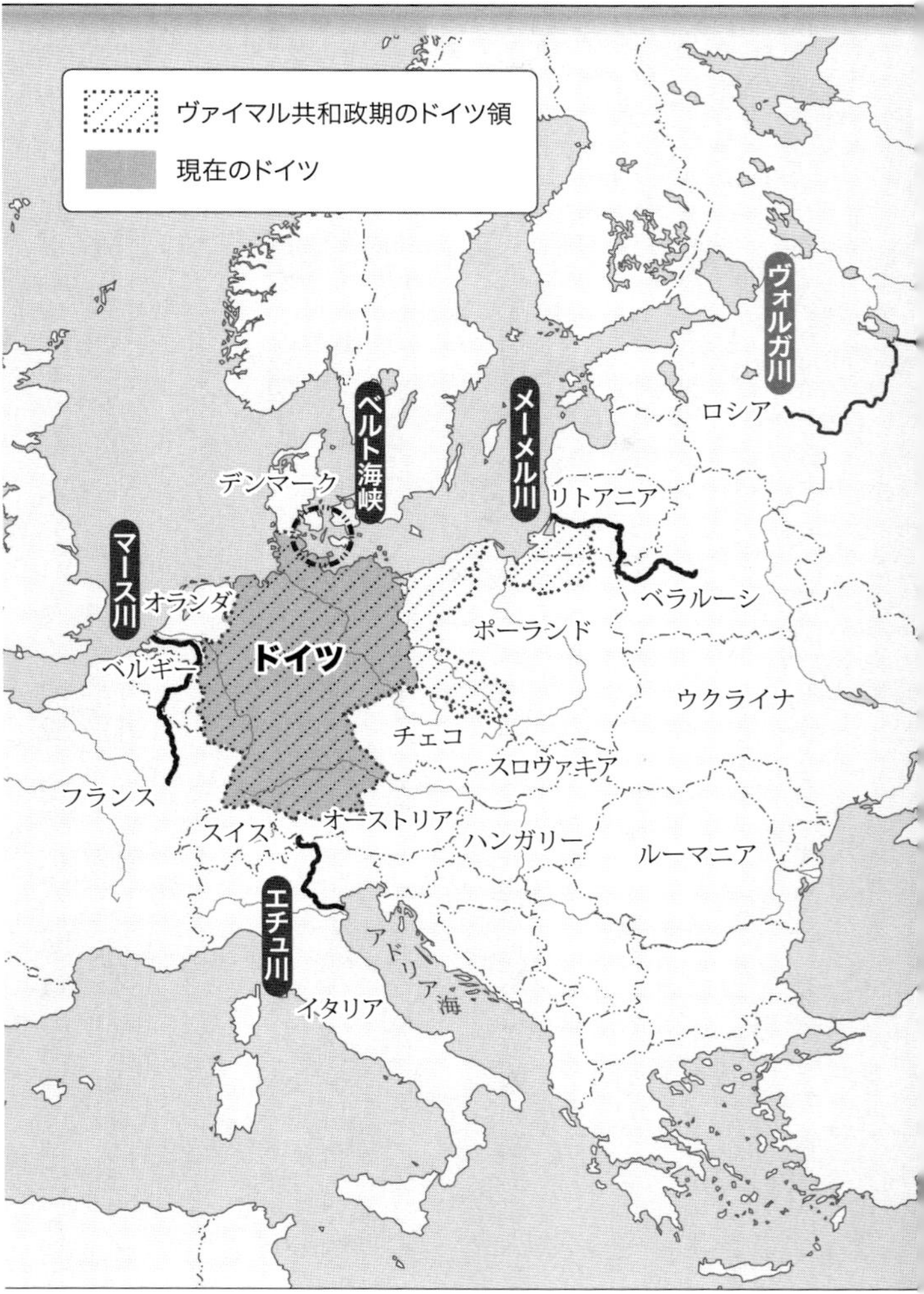
ヴァイマル共和政期のドイツ領
現在のドイツ
ヴォルガ川
ロシア
ベルト海峡
メーメル川
デンマーク
リトアニア
マース川
オランダ
ベラルーシ
ポーランド
ドイツ
ベルギー
ウクライナ
チェコ
スロヴァキア
フランス
スイス
オーストリア
ハンガリー
ルーマニア
エチュ川
アドリア海
イタリア

なのだという思潮につながったといわれます。実際、第一次大戦後は、東欧や南欧で他民族に囲まれて生活している少数派のドイツ人を訪問して、彼らと連帯を深めようとするグループも出てきました。

## 「血」の論理は国民国家を破壊する

我々も彼らも同じ「民族」だという意識が、文化的ルーツを分かち合おうという次元に留まっているうちは、さしたる問題にはなりません。しかし、これが政治的な主張になり始めると話は別で、にわかにきな臭くなってくるのです。

国民国家は同一性を前提としているので、その領土には最初からある程度の制約が課されています。周囲の国々がそれぞれに同一性を担保し、なおかつ、それなりの国力・軍事力をもっていれば、むやみに国境線を破って侵略していこうとはしないものです。

しかし『ドイツの歌』に謳われたように、そこもかしこも「もともとはドイツ民族の土地」なのだから、取り戻さなくてはならない、と考えるようになると、国民国家としての国境線は、もはやどうでもよくなってしまう。均衡を保っていた国境を越え、国民国家の枠組みを壊して、侵略を容認することになります。とはいえ「民族」という概念は、そもそもの定義が曖昧で、支持者を集めたり彼らを熱狂させたりするにはパンチが足りません。

民族的な同族意識は最初から現実には存在しない架空の観念を拠りどころにしており、それを過去の事実によって立証することさえ一切試みることなく、その代わりそれを将来において実現しようと呼びかける。（中略）伝統、政治的諸制度、文化など、自国民の目に見えるあり方に関わる一切を基本的に「血」という虚構の尺度に照らして測り断罪することが、民族的ナショナリズムの特徴である。

民族的ナショナリズムを正当化するために彼らが持ち出したもの——それは「血」でした。これも虚構にすぎないとアーレントは指摘していますが、我々はどこかで「血」がつながっている血族であり、これこそが唯一にして最も重要なのだと主張し始めたわけです。

ドイツ民族の土地を拡大解釈する汎ドイツ（汎ゲルマン）主義が勃興したように、ロシアでも汎スラブ（実際には汎ロシア）主義が台頭。ロシアは、自分たちこそビザンツ帝国[*16]の正統な後継者だと主張し、スラブ民族とロシア文化を神聖視する思想をつくり上げていきました。

イギリス、フランスなど、海を越えて版図の拡大を図った「海外帝国主義」に対し、ヨーロッパからアジアに至る地続きの大陸で帝国建設を目指したドイツやロシアは「大陸帝国主義」と呼ばれます。プロイセンを中心に統一されたドイツ帝国は、自らの領域内にスラブ系民族の居住地を含んでいたほか、東欧やロシアと地続きになっていたので、東に勢力を広げて行こうとする傾向を持っていました。二つの大陸帝国主義の煽りを受けたのが、多民族国家であるオーストリア・ハンガリー帝国。先ほどお話ししたように、ドイツ人だけでなく、チェコ人、ポーランド人、ウクライナ人などのスラブ系民族も多かった同国では、汎ゲルマン主義と汎スラブ主義が同時に発展したとアーレントは指摘しています。

政治的に見れば民族的ナショナリズムの特徴は、自分の民族が「敵の世界に取り囲まれて」、「一人で全てを敵とする」状態に置かれているという主張である。この見方からすれば、この世界には自分自身と自分以外の他の全てとの間の区別以外にはいかなる区別も存在しない。民族的ナショナリズムはつねに、自分の民族は比類なき民族であり、その存在は他の諸民族が同じ権利をもって存在することとは相容れないと主張する。

オーストリア・ハンガリー帝国以外にも、ドイツ系の人々が住む「飛び地」は東欧各地にたくさんありました。ドイツ系とはいっても、飛び地に暮らす人々は、すでにドイツとは異なる文化を形成しています。ドイツ国民としてカウントするのはかなり無理がありますが、民族レベルで考えれば「仲間」にできる。ドイツ人は、飛び地の仲間は敵に囲まれて大変な苦労をしていると（勝手に）解釈し、彼らを守ってドイツ民族の「血」を保存しないといけないと発想したわけです。

飛び地はオランダ、デンマーク、イタリアにもありましたが、特に広がりをもっていたのがロシアや、大戦後に独立したポーランドなど、スラブ人が住んでいた地域です。そこは

# 一九一四年のヨーロッパ

敗戦したドイツは、一九一九年のヴェルサイユ条約で次のような義務を課せられた。

① すべての海外植民地とその権益を放棄
② アルザス・ロレーヌをフランスに返還
③ ポーランドなど周辺国に国境地域を割譲
④ ラインラント（ドイツ領ライン川流域）の非武装化
⑤ ザール地方（フランスとの国境にある炭鉱

# 一九二〇年のヨーロッパ

地帯)、ダンツィヒ(バルト海に面した港)を国際連盟の管理下に置く

⑥ 徴兵制廃止、陸軍・海軍の兵数の大幅削減、戦車・軍用機・潜水艦の保有禁止などの軍備制限

⑦ 巨額の賠償金の支払いなど

**戦勝国側が、同盟国の中心だったドイツに戦争責任を押しつけたことは大きな禍根を残した。**

ユダヤ人が住んでいる地域でもありました。なかでもポーランドには数百万人ものユダヤ人が暮らし、人口の一割近くを占めていたといわれます。ドイツやオーストリアが東方で安定して繁栄するには、スラブ系諸民族やユダヤ人たちよりも優れていて、支配者に相応しいということを明らかにする必要がありました。ドイツは歴史的にも地政学的にも、民族的ナショナリズムが、人種主義的・進化論的な反ユダヤ主義と結びつきやすかったのです。

さらに第一次世界大戦における敗北も、反ユダヤ主義を道連れに「汎ドイツ主義」思潮を後押しする結果となりました。敗戦によってドイツは海外植民地をすべて没収され、本国の領土も十三パーセント失っています。ドイツと同盟したオーストリア・ハンガリー帝国でも、国内の諸民族が次々と独立。チェコスロヴァキアやハンガリーが分離・独立し、スロベニア、クロアチア、ガリツィア（現ウクライナ）、トランシルヴァニア（現ルーマニア）などが周辺諸国に割譲されることになり、オーストリアの領土はかつての約十五パーセントにまで縮小してしまいました。

アーレントが「敵の世界に取り囲まれて」と表現した通り、独立した国々に取り残されたドイツ系の人々は、次第に孤立を深めていきます。かつては自分たちが他民族を押さえつけていたのに、立場が逆転したわけですから、相当に恐々としていたと思います。仲間が苦しんでいる。自分たちも領土を奪われ、狭いところに押し込められている。しかも、ドイツは賠償金問題で経済的にもかなり追い詰められていました。

ドイツ人にはおそらく、戦勝国である資本主義の国々に圧迫されているという感覚があり、その資本を思いのままに動かしているのがユダヤ人だという発想の短絡があっても不思議ではありません。ユダヤ人を焦点にした人種主義的思潮を操作することで、ドイツ人の心情や世界観をうまくまとめていくことができそうな状況が生まれてきたわけです。

## 「無国籍者」はどこへ行く

ナチスは近代国家の突然変異として唐突に生まれたのではなく、こうした民族的ナショナリズムの高まりの延長線上に出てきたとアーレントは分析しています。

海外帝国主義の産物である人種思想、イギリスに生まれた進化論や優生思想、そして大陸帝国主義の礎となった民族的ナショナリズム――。いくつもの要因が折り重なるようにして、その土台を成していったのです。

二十世紀に入ると、そこにもう一つ、全体主義につながる因子が現れます。それが「無国籍者」の存在です。第一次世界大戦中にロシアで革命が起き、多くの亡命者がヨーロッパに流入。さらに大戦終結後の分離・独立で国境が大きく動き、ヨーロッパ域内に大量の難民が発生しました。

無国籍ということは現代史の最も新しい現象であり、無国籍者はその最も新しい人間集団である。第一次世界大戦の直後に始まった途方もない規模の難民の流れから生まれ、ヨーロッパ諸国が次々と自国の住民の一部を領土の境界線の外へと追いやり、国家の成員としての身分を奪ったことによってつくり出された無国籍者は、ヨーロッパ諸国の内戦の最も悲惨な産物であり、国民国家の崩壊の最も明白な徴候だ。十八世紀も十九世紀も、文明国に生きながら絶対的な無権利・無保護状態にある人間を知らなかった。第一次世界大戦以来、どの戦争もどの革命も一様に権利喪失者・故国喪失者の前例なき大群を生み出し、無国籍の問題を新しい国々や大陸に持ち込むようになった。

国民国家が形成される過程で、各国は国民登録制度を定めました。これによって国民は法の保護を受けられることになりましたが、国を追われた人、あるいは戦争によって国そのものがなくなった場合は、いかなる保護も受けられません。こうした「無国籍者」をどうするのかという問題がヨーロッパ諸国に突きつけられたのです。

どこの国も、無国籍者の受け入れには消極的です。それは、国民国家に異分子を抱え込むことになるからです。これは当時に限ったことではありません。今、ヨーロッパで深刻化しているシリア難民の問題も基本は同じ。法の保護を受けられずにいる人々への対応は、実に第一次世界大戦後から脈々と続き、いまだ解決の糸口すら見えていない課題なのです。

## 「普遍的人権」の限界

就学・就労機会の問題、健康やＱＯＬ（quality of life：生活の質）の問題などもありますが、アーレントが特に注目したのは無国籍者の「人権」の所在でした。

人権は譲渡できない、奪うことのできないものと宣言され、そのためその妥当性は他のいかなる法もしくは権利にもその根拠を求めることができず、むしろ原理的に他の一切の法や権利の基礎となるべき権利であるとされたのであるから、人権を確立するには何の権威も必要ないと思われた。人間それ自体が人権の源泉であり本来の目的だった。他の一切の法律は人権から導き出され人権に基づくとされたからには、人権を守るための特別な法律が作られるとすれば、それは逆説的な事態である。人民が公的行為の対象となる諸問題を決定する唯一の主権者となったように、人間が正・不正をめぐるあらゆる問いに答えを出す唯一の権威となった。

フランス革命以降、ヨーロッパの知識人や民主主義者は、誰でも人間であれば、そのこと自体が人権の源泉になると信じてきました。つまり、人権を持つために必要なものは、我が身ひとつ。人権を守るために特別な法を作るなんて本末転倒だというわけです。

しかし、戦争や革命は、人間でありながら「人権」を持たない人々を大量に生み出しました。無国籍者の存在は、そういうことが現実に起こり得るのだということを証明してしまったのです。
建前を言えば、「普遍的人権」というものがある以上、無国籍者は近くの国が受け入れるべきでしょう。しかし、実際には、近代の国家は「国民」をベースに創設され、「国民」の利益を守るべく運営されてきました。「国民 nation」を構成する「市民 citizen」たちのために各種の権利が設定されました。それがなければ、「人権」は実質的に機能しません。逆に言うと、「国家」はそうした諸権利や利益と引き換えに、「国民」の忠誠心を繋ぎとめてきました。その「国民」のための資源を、「国民」ではない者たちに無条件に分け与えるわけにはいきません。「国家」が使える資源には限りがあります。「普遍的人権」の名の下に、困っている無国籍者を全て受け入れるという態度を取れば、多くの人が押しかけて、「国家」のキャパシティを超えてしまいます。

政府の保護を失い市民権を享受し得ず、従って生まれながらに持つはずの最低限の権利に頼るしかない人々が現れた瞬間に、彼らにこの権利を保障し得る者は全く存在せず、いかなる国家的もしくは国際的権威もそれを護る用意がないことが突然明らかになった。他方、少数民族のケースのように、一国際機関が政府の保護の代役を務める用意が実際にあったとしても、措置を講じ提案を実行する暇もないうちにその信用は地に墜ちてしまった。主権の侵害を警戒する各国政府の抵抗にぶつかっただけでなく、被保護者自身とも同じように衝突することになったためである。被保護者のほうも同様に国家によらない保護を認めようとはせず、単なる人権（「言語、宗教、民族に関する」権利）の保護に対してきわめて深い不信を抱いていた。

人権は万人にある、というのは幻想だったということです。人権を実質的に保障しているのは国家であり、その国家が「国民」という枠で規定されている以上、どうしても対象外となる人が出てしまいます。国民国家という枠組み自体も、強固なものではありません。民族という曖昧な（アーレント曰く、架空の）概念で崩せてしまうほど不安定なものであり、戦争や革命が起きれば、もはや何の役にも立ちません。

アーレントがここで指摘したかったことは、無国籍者が顕在化するなかで「法」による支配の限界が見えてきたということでしょう。法は、様々な社会問題を解決し、合理的に統治していく最善の手段だと信奉されてきました。しかし、無国籍者の大量出現を前にして、法はその無力さを露呈したのです。

## 法や理性を超えた支配の原理

法は、人々の「理性」に訴えかけるものです。その限界が見えたということは、逆にいえば、理性に訴える以外の支配もあり得るということ。全体主義が、まさにそうです。全体主義が形成される過程で人々を支配したのは、法や理性ではありません。

法による支配を追求してきた国民国家の限界が、国家の「外」に現れたのが無国籍者の問題であり、それが国家の「内」側に現れて、統治形態を変質させていくのが全体主義化だということもできると思います。第二次世界大戦前の「昔の話」と思われるかもしれませんが、この問題は今も解決されずにつづいています。現にイスラム国（ＩＳ）も、内に全体主義を築き、外に大量の無国籍難民を生み出しています。内戦で自国民に銃口を向けている国も同様です。

周辺国やＥＵはもとより、国際機関も対応に苦慮しています。このことはアーレントも先の章段で指摘している通りです。いかに国際機関が頑張っても、どこの国にも所属していない人々を、安定的、継続的に守っていくことはできないのが現実です。

全体主義の形成過程を考察するにあたって、アーレントが無国籍者の問題に注目し、そこに強くこだわっていたのは、一つには彼女自身も一歩間違えば無国籍者になっていたからでしょう。日本にいると（どこにいても）、当事者意識をもって世界のニュースを見ていなければ他人事と思ってしまいがちですが、日本にも多くの難民が暮らしています。そうした問題を考え、また、日本がどこへ向かおうとしているのかを考える上でも、第二巻「帝国主義」は多くのヒントを提供してくれています。

アーレントが『全体主義の起原』の第一・二巻で提示したキーワードを整理すると、「他者」との対比を通して強化される「同一性」の論理が「国民国家」を形成し、それをベースとした「資本主義」の発達が版図拡大の「帝国主義」政策へとつながり、その先に生まれたのが全体主義――ということになります。いずれのキーワードも、太平洋戦争へと突き進んだ戦前の日本、戦後七十年を経て再び右傾化の兆しが見える現代の日本にぴたりと符合するのではないでしょうか。

全体主義の、そもそもの起原をたどっていくと、そこには「同一性」の論理があるというのがアーレントの結論です。ただし、同一性の論理に基づいて支配を拡大させた帝国主義が、ストレートに全体主義につながったというわけではありません。帝国主義と全体主義の間には、帝国の基盤となっていた「国民国家」の衰退と、それに伴う危機意識があるとしています。

どんな危機意識が、どのように生まれ、全体主義を形成していったのか。つづく第三巻「全体主義」で読み解いていくことにしましょう。

**＊1　ルナン**　一八二三〜九二。フランスの宗教史家・思想家。「(国民の存在とは) 毎日の人民投票 (である)」は講演「国民とは何か」での言葉。著書に『イエス伝』『キリスト教起源史』など。

**＊2　ローマ帝国**　前八世紀頃、ラテン人がテヴェレ河畔に建設した都市国家ローマに始まり、王政、共和政を経て、前二七年、内乱を収めたオクタウィアヌスが帝政を開く。その後、最盛期の五賢帝時代の版図は最大となり、全地中海世界に及んだ。二世紀末から衰退が始まり、三九五年には東西に分裂。

＊3　**アルチュール・ド・ゴビノー**　一八一六〜八二。第二帝政（ナポレオン三世）時代のフランスの外交官・作家。『人種不平等論』（一八五三―五五）で、人種の視点から文明の発展と衰退を論じる。フランスではあまり注目されなかったが、ワーグナーやヒューストン・S・チェンバレンを経由してナチスの人種思想に影響を与える。

＊4　**『闇の奥』**　ジョゼフ・コンラッド（一八五七〜一九二四）の代表作。一九〇二年出版。コンラッドが船長としてアフリカのコンゴに渡った一八九〇年当時、ベルギー王レオポルド二世はここを王個人が私有する植民地として、現地住民に過酷な労働を課し、さらに大量虐殺を行った。その結果、コンゴの人口が二千万人から八百万人に激減したともいわれる。

＊5　**『地獄の黙示録』**　フランシス・コッポラ監督による一九七九年公開の映画。『闇の奥』の翻案で、舞台はベトナム戦争中のベトナムからカーツ大佐が君臨するカンボジアの密林に向けてメコン川（映画ではヌン川）を遡る旅に置き換えられている。ベトコンとの戦争の最前線にもかかわらず高波の海岸で兵士にサーフィンを行わせる将校や、麻薬に溺れる若い兵士など、戦争の狂気も、背景として描かれている。

＊6　**ラドヤード・キプリング**　一八六五〜一九三六。イギリス領インドの官吏の子としてムンバイに生まれる。イギリスで教育を受けたあとインドに戻り、新聞記者として活躍。『ジャングル・ブック』『少年キム』を発表後、一九〇七年にイギリス人初・史上最年少のノーベル文学賞を受賞した。

＊7 『アラビアのロレンス』　デビッド・リーン監督、ピーター・オトゥール主演の映画。一九六二年公開。イギリスの考古学者・軍人トーマス・エドワード・ロレンス（一八八八〜一九三五）をモデルとしている。第一次大戦中、情報部将校だったロレンスはオスマン帝国領内のアラブ人の独立運動を支援し、「アラビアのロレンス」と呼ばれた。同盟国側で大戦に参戦して敗れたオスマン帝国は一九二二年に滅亡し、翌二三年にトルコ共和国が誕生した。

＊8 オスマン帝国　テュルク（トルコ）系の遊牧民であったオスマン家出身の君主を戴く多民族帝国。十三世紀末に建国され、小アジア西北部の小さな君侯国に始まり、しだいにバルカン半島に勢力を伸ばして十五世紀半ばに東ローマ帝国を滅ぼし、大帝国を築いていった。最盛期には、東はアゼルバイジャンから西はモロッコまで、南はイエメンから北はウクライナやチェコにまで至る、広大な領域を支配した。十八世紀以降、ロシア、オーストリア、英仏など、近代化を達成した西欧諸国に押されて次第に衰退し、第一次大戦の敗戦で解体する。

＊9 進化論　現存する多数の生物の種類が、一つまたは少数の原基的・祖先生物から長い年月をかけて自然淘汰により変化分岐してきたという考え方。一八五九年、イギリスのダーウィンが『種の起源』を出版したことにより自然科学だけでなく、人文・社会科学など広い分野に大きな影響を与えた。それ以前のキリスト教文化圏においては、生物は創造主によって現在の形のまま作られたという聖書での説明が主に信じられていた。

＊10 ヒューストン・S・チェンバレン　一八五五〜一九二七。英国出身でドイツに帰化した政治

思想家で、ワーグナーの娘婿。熱心なワーグナー信奉者で、その思想を広めることを自らの使命と見なす。アーリア人の優秀さとユダヤ人の劣性を対比する『十九世紀の基礎』(一八九九年)は、反ユダヤ主義の聖典の一つとなった。

*11 **ワーグナー** 一八一三〜八三。ドイツの作曲家。『タンホイザー』『ローエングリン』『ニーベルングの指輪』など、ゲルマン民族の伝承をモチーフにした神聖な雰囲気の歌劇で知られる。ユダヤ人には芸術的創造性はないとして、反ユダヤ主義的立場を取った。ナチスの党大会やプロパガンダ映画では、ワーグナーの曲がBGMとして採用された。

*12 **ビスマルク** 一八一五〜九八。ドイツの政治家。プロイセン首相として普仏(プロイセン・フランス)戦争を勝利に導き、ドイツ帝国を成立させ、初代帝国宰相に就任する。カトリックに対する文化闘争や、社会主義者に対する社会主義鎮圧法の制定など、反体制勢力を抑圧しながら、社会の近代化を進め、世界で初めて社会保険・年金制度を導入する。外交的には、オーストリア、英国、フランス、ロシアとの間の均衡を重視した。

*13 **ゲルマン民族** バルト海沿岸地方に住んでいたインド・ヨーロッパ語系の民族。四世紀後半以降の民族大移動によってヨーロッパ全域に広がり、現在の北・西ヨーロッパ諸民族の祖先となった。長身、ブロンドの髪、碧眼、高い鼻などの身体的特徴がある。

*14 **『ドイツの歌』** フランスやイギリスで国歌が生まれ、神聖ローマ帝国にも国歌が必要だと感じた作曲家ハイドンは一七九七年、賛歌「神よ、皇帝フランツを守り給え」を献呈。歌詞の

変遷を経て一九二二年にヴァイマル共和政で正式に国歌として採用され、五二年には第三番の歌詞のみが西ドイツの国歌となり、九一年に統一ドイツの国歌として受け継がれた。

＊15 **ワンダーフォーゲル運動**　ワンダーフォーゲルはドイツ語で「渡り鳥」の意味。渡り鳥のように遍歴することによって心身を鍛え、仲間と親睦を深めることを目的とした青年運動として十九世紀末にはじまった。民族（フォルク）の故地を踏みしめ、踏破していくという〝ふるさと探訪〟的な意識が草の根にあり、第一次世界大戦後は「祖国を愛する運動」として広がる。それが中央アジアを目指した冒険家たちに引き継がれ、ドイツ人の〝アーリア人種〟説と結びつき、のちに運動団体はヒトラー・ユーゲントに合併されたが、第二次世界大戦後に復活した。

＊16 **ビザンツ帝国**　三九五年、ローマ帝国は東西に分裂し、東側がビザンツ帝国（東ローマ帝国）となった。エジプト、小アジア、シリア、ギリシアを中心とする地中海東側を領し、首都はコンスタンティノープル（旧称ビザンティウム）。一四五三年、オスマン帝国に滅ぼされるまで千年以上続いた。なお、十五世紀後半にロシア統一を進めたイヴァン三世は、ビザンツ帝国最後の皇帝の姪と結婚してローマ帝国の後継者を自任し帝国の紋章を引き継いだ。彼の称号「ツァーリ」は「カエサル」のロシア語形。

# 第3章 大衆は「世界観」を欲望する

## あふれ出した「大衆」と瓦解する国民国家

アーレントが『全体主義の起原』の第一巻、第二巻で考察したのは「国民」と「国民国家」のあり方でした。これを受けて第三巻では、国民国家を一応の基盤としつつも、その枠組みを突き崩すような「運動」として姿を現した「全体主義」の実体を明らかにしようと試みています。

近代ヨーロッパの主要な国民国家は、互いの境界線を守ることで均衡を保っていました。しかし、十九世紀末に勃興した「民族」的ナショナリズムは次第に人々の「国民」意識を侵食し、国民国家を支えていた階級社会も資本主義経済の進展によって崩れていきます。ほころびが目立ち始めた国民国家を、文字通り瓦解させたのが全体主義だったのです。

第三巻「全体主義」のキーワードは「大衆」、「世界観」、「運動」、そして「人格」です。アーレントはまず、かつては階級というそれぞれの抽き出しに収まっていた人々が「大衆」となって巷《ちまた》にあふれ出したこと、そこに提示されたのが強い磁力をもつ「世界観」だったと指摘します。

「世界観」とは、この世界のあり方を捉えるための系統だったものの見方、考え方を意味します。たとえばナチス・ドイツの場合には、第一巻で見た反ユダヤ主義や、第二巻で指摘された優生学的人種思想を巧みに取り入れながら構築された、「ユダヤ人が世界をわがものにしようとしている」という陰謀論的な物語のことです。こうした虚構によって人心を掌握した全体主義国家は、いわば砂上の楼閣です。砂上の国体は、つねに手を加えつづけなければ、その輪郭と権力を維持することはできません。つまり全体主義は、立ち止まることが許されない「運動」だったということです。

第二巻では、ヨーロッパの人々が信奉してきた「人権」概念が無国籍者の出現によって大きく揺らいだことが指摘されていました。しかし、先鋭化した全体主義「運動」は、権利のみならず、人間から「人格」まで奪い去ってしまいます。第三巻の第三章でアーレントは、ユダヤ人の大量虐殺が行われた強制収容所・絶滅収容所の問題に触れています。

ナチス・ドイツの強制収容所は、囚人や捕虜ではなく、ユダヤ人や、流浪の民とみなされたロマ（ジプシー）、同性愛者など、「民族共同体《フォルクスゲマインシャフト》」にとっての異分子を強制的に監禁し、社会から隔離して「矯正」を行う施設として設けられたものでした。しかし、世界大戦が始まり、ドイツが支配する地域が広がるにつれて、支配下のユダヤ人は膨大な数に増え、最終的に、ガス室などを備えた「絶滅収容所」の建設に至ったのです。絶滅収容所にはヘウムノ、ベウゼツ、ソビボル、トレブリンカ、マイダネク、そして悪名高いアウシュヴィッツの六施設があります。

何百万もの人間を計画的かつ組織的に虐殺しつづけることが可能だったのはなぜなのか、また、なぜナチスにはそこまでする必要があったのかという問題を提起しています。

## 階級が消え、「大衆」が生まれる

全体主義とは何だったのか。数多ある政党と全体主義政党との違いを、アーレントはまず「大衆」との関係で論じています。

全体主義運動は大衆運動である。それは今日までに現代の大衆が見出した、彼らにふさわしいと思われる唯一の組織形態だ。この点で既に、全体主義運動はすべての政党と異なっている。（『全体主義の起原』第三巻、以下引用部はすべて同様）

ヨーロッパ社会に「大衆」の存在が浮上し、その特質が論じられるようになったのは十九世紀の終わり頃からです。そこで強調されたのは、「市民」との違いでした。国民国家で「市民」として想定されたのは、自分たちの利益や、それを守るにはどう行動すればいいかということを明確に意識している人たちです。彼らは自分たちの利益を代表する政党を選び、政党は市民間の利害を調整して、その支持を保っていました。「市民」社会における政党が特定の利益を代表していたのに対し、何が自分にとっての利益なのか分からない「大衆」が自分たちに「ふさわしい」と思ったのが全体主義です。全体主義を動かしたのは大衆だったということです。

全体主義運動は、いかなる理由であれ政治的組織を要求する大衆が存在するところならばどこでも可能だ。大衆は共通の利害で結ばれてはいないし、特定の達成可能な有限の目標を設定する固有の階級意識を全く持たない。

労働者階級、資本家階級など、自分の所属階級がはっきりしていた時代であれば、自分にとっての利益や対立勢力を意識することは容易でした。逆に言うと、資本主義経済の発展により階級に縛られていた人々が解放されることは、大勢の「どこにも所属しない」人々を生み出すことを意味したのです。

アーレントはこれを、大衆の「アトム化」と表現しています。多くの人がてんでんバラバラに、自分のことだけを考えて存在しているような状態のことです。大衆のアトム化は、十九世紀末から二十世紀初頭にかけて、西欧世界全般で見られました。

かつては一部の人しか持ち得なかった選挙権が、国民国家という枠組みのなかで、多くの人にもたらされたことも、「大衆」が社会で存在感をもつことにつながりました。選挙権は得たものの、彼らは自分にとっての利益がどこにあるのか、どうすれば自分が幸福になることができるのか分からない。そもそも大衆の多くは、政治に対する関心が極めて希薄でした。

「大衆」という表現は、その人数が多すぎるか公的問題に無関心すぎるがゆえに、共通に経験され管理される世界に対する共通の利害に基づく組織、すなわち政党、利益団体、地域自治体、労働組合、職業団体等のかたちで自らを構成することをしない人々の集団であればどんな集団にも当てはまるし、またそのような集団についてのみ当てはまる。大衆は潜在的にすべての国、すべての時代に存在し、高度の文明国でも住民の多数を占めている。ただし彼らは普通の時代には、政治的に中立の態度をとり、投票に参加せず政党に加入しない生活で満足しているのである。

階級社会では、同じ階級に属する誰かが自分の居場所や利益を示してくれるので、政治や社会の問題に無関心であっても生きていくことができました。これに対して、階級から解放されると、自由である反面、選ぶべき道を示してくれる人も、利害を共有できる仲間もいなくなってしまうのです。

## 「大衆」と「市民」

誰に（どの政党に）投票すればいいのか分からない「大衆」は、どの時代の、どこの国にもいるし、高度な文明国においてすら政治に無関心な大衆は「住民の多数を占めている」と、アーレントは耳の痛い指摘をしています。投票率から言えば、日本人の半数は「投票に参加せず政党に加入しない生活で満足している」大衆だということになります。

「市民社会」を構成する「市民」が、自由や平等に関する自らの権利を積極的に主張し、要求を実現するために各種の政党やアソシエーションを結成することに熱心な人たちだとすれば、「大衆」は国家や政治家が何かいいものを与えてくれるのを待っているお客様です。自分自身の個性を際立たせようとする「市民」に対し、「大衆」は周りの人に合わせ、没個性的に漫然とした生き方をします。

しかし、平生は政治を他人任せにしている人も、景気が悪化し、社会に不穏な空気が広がると、にわかに政治を語るようになります。こうした状況になったとき、何も考えていない大衆の一人一人が、誰かに何とかしてほしいという切迫した感情を抱くようになると危険です。深く考えることをしない大衆が求めるのは、安直な安心材料や、分かりやすいイデオロギーのようなものです。それが全体主義的な運動へとつながっていったとアーレントは考察しています。

ファシスト運動であれ共産主義運動であれヨーロッパの全体主義運動の台頭に特徴的なのは、これらの運動が政治には全く無関心と見えていた大衆、他のすべての政党が、愚かあるいは無感動でどうしようもないと諦めてきた大衆からメンバーをかき集めたことである。

「愚かあるいは無感動でどうしようもない」とは直截な表現ですが、階級社会の崩壊で支持基盤を失った政党も、アトム化した大衆の動員を狙っていたということです。党是を理解できないような人であっても、とにかくたくさんのメンバーをかき集めて支持基盤を築きたかったのです。こうした動きは、第一次世界大戦後のヨーロッパで広く認められました。しかし、実際に大衆を動員して政権を奪取できたのは、ドイツとロシアだけだったことにもアーレントは注目しています。

政党の勢力はその国内での支持者の割合に比例するから、小国における大政党ということもあり得るが、これに反して運動は何百万もの人々を擁してはじめて運動たりうるのであって、その他の点ではいかに好条件であっても、比較的少ない人口の国では成立が不可能である。

確かに、ある程度の規模の「大衆」が存在しなければ、社会を大きく動かすような運動にはなり得ません。ヨーロッパ大陸で最も人口が多かったのが、ドイツとロシアであり、しかも第二巻で考察されていた通り、この両国には全体主義へと発展しやすい民族的ナショナリズムも広がっていました。

## 陰謀論という「世界観」

第一次世界大戦で敗戦したドイツは領土を削られ、賠償金問題[*1]で経済も逼迫。さらに一九二九年に始まる世界恐慌[*2]で多くの有力企業が倒産し、街には失業者があふれていました。

この先、自分はどうなるのか。経済が破綻したこの国は、どうなってしまうのか——不安と極度の緊張に晒された大衆が求めたのは、厳しい現実を忘れさせ、安心してすがることのできる「世界観」。それを与えてくれたのがナチズムであり、ソ連ではボルシェヴィズムでした。[*3]

人間は、次第にアナーキーになっていく状況の中で、為す術もなく偶然に身を委ねたまま没落するか、あるいは一つのイデオロギーの硬直した、狂気を帯びた一貫性に己を捧げるかという前代未聞の二者択一の前に立たされたときには、常に論理的一貫性の死を選び、そのために肉体の死をすら甘受するだろう――だがそれは人間が愚かだからとか邪悪だからということではなく、全般的崩壊のカオスの状態にあっては、こうした虚構の世界への逃避こそが、とにかく最低限の自尊と人間としての尊厳を保証してくれるように思えるからなのである。

ともかく救われたいともがく大衆に対して全体主義的な政党が提示したのは、現実的な利益ではなく、そもそも我々の民族は世界を支配すべき選民であるとか、それを他民族が妨げているといった架空の物語でした。

全体主義運動は自らの教義というプロクルステスのベッド[*4]に世界を縛りつける権力を握る以前から、一貫性を具えた嘘の世界をつくり出す。この嘘の世界は現実そのものよりも、人間的心情の要求にはるかに適っている。ここにおいて初めて根無し草の大衆は人間的想像力の助けで自己を確立する。そして、現実の生活が人間とその期待にもたらす、あの絶え間ない動揺を免れるようになる。

「現実世界」の不安や緊張感に耐えられなくなった大衆は、全体主義が構築した、文字通りトータル（全体的）な「空想世界」に逃げ込みました。それは、自分たちが見たいように現実を見させてくれる、ある種のユートピアでした。

空想世界といっても、現実世界から完全に切り離されたものではなく、現実を（かなり歪曲した形で）加工したものが基盤となっています。大衆が想像力を働かせやすいエピソードをちりばめながら、分かりやすく、全体として破綻のない物語を構築するためにナチスが利用したのは「反ユダヤ主義」と、ユダヤ人による「世界征服陰謀説」でした。

周知のようにユダヤ人の世界的陰謀の作り話は、権力掌握前のナチスのプロパガンダのうち最大の効果を発揮するフィクションとなった。反ユダヤ主義は十九世紀の最後の三分の一以来、デマゴギー的プロパガンダの最も効果的な武器となっており、ナチスが影響を与えるようになる前、すでに一九二〇年代のドイツとオーストリアで世論の最も強力な要素の一つになっていた。

荒唐無稽な「作り話」であっても、ユダヤ系資本が力を持っていた英米仏から政治的、経済的に締め付けられ、厳しい暮らしを強いられていたドイツの大衆にとっては説得力のあるシナリオになり得ました。

これまでお話ししたように、ドイツではユダヤ人の同化がかなり進み、見た目だけでは普通のドイツ人と区別がつかない人が多く、学者、法律家、ジャーナリスト等、知的職業の人の割合がかなり高かった。その一方で、ユダヤ教の信仰や慣習を強く保持している人もいました。ドイツが急速に工業化を進めたのに伴って、東欧から多くのユダヤ人が移住してきましたが、そういう人たちは、いかにもユダヤ人という風体で、特定の地域に集まって貧しい生活をしていました。

私たちの中国人や韓国人に対する偏見がそうですが、自分と見た目がほぼ変わらない人が、自分から見て違和感のある振る舞いをしているのを見ると、余計に気に障るということがあります。ユダヤ人に対する偏見をぬぐえない人、自分は能力があるのにどうしてもっと認められないのだろう、社会がおかしいのではないかと不満を持っている人にとっては、本来ドイツ人とは全然違う異分子、「外」から圧力をかけている連中の一部が、表面的に姿を変えて、「民族共同体」の「内」にも潜り込んでいて蝕んでいるかのようにも思えてきます。ゴビノーやチェンバレンの人種理論は、そういう見方を正当化してくれます。ユダヤ人は恰好のターゲットだったのです。

### 暴走する想像力

『永遠のユダヤ人』[*5]というナチスのプロパガンダ映画があります。ゲットー風のところに住んでいるいかにもユダヤっぽい人たちと、エリート的なユダヤ人を一つの流れの中に描き出し、両者の正体が「同じ」であることを強調します。ユダヤ人をめぐる文化的緊張を実感として知らない現代の日本人が見ると、あまりにわざとらしくてどうしてこれで騙されるのかと感じてしまうような代物ですが、当時のドイツ人の中には元々そういうイメージを持っていた人が多かったのかもしれません。

ヒトラーは政権獲得後も、自らを支持した大衆の反ユダヤ的な想像力を利用し、「ユダヤ人を排してドイツ民族の血を浄化する」という人種差別的なイデオロギーで大衆を率いていきました。大衆を動員するために利用した物語的世界観を、そのまま国家の指導原理に応用し、特殊な世界観で統一された全体主義の国家を作り上げていったわけです。

ナチス以前およびナチス以後のいかなる大衆プロパガンダより現代大衆の願望をよく知っていたナチス・プロパガンダは、「ユダヤ人」を世界支配者に仕立て上げることによって、「最初にユダヤ人の正体を見抜き、それを闘争で打ち破る民族こそがユダヤ人の世界支配の地位を引き継ぐだろう」ことを保証しようとした。現代におけるユダヤの世界支配というフィクションは、将来におけるドイツの世界支配という幻想を支える基盤となったのである。

「最初にユダヤ人の正体を……」はゲッベルス[*6]の日記からの引用です。陰のユダヤ人ネットワークが世界を支配しているのだとしたら、その仕組みを乗っ取れば自分たちが世界の支配者になれる――。単に「悪いのはユダヤ人だ」と糾弾するだけでなく、「ゆくゆくはドイツ人が世界の支配者として君臨する」という将来像を提示したわけです。

このような陰謀論にかぶれてしまうと、あらゆることが「それらしく」見えてきます。ジグソーパズルのピースがぴたりとはまるように、それまで気にもしていなかったことが「あれも」「これも」陰謀を裏付けているように思えてくる。ナチスの提示した世界観の場合には、ユダヤ人の政界進出がその好例と言えるでしょう。

第一次世界大戦の頃からユダヤ系の人々が政治の表舞台で活躍するようになり、ドイツでは外相、内相、オーストリアでは外相、蔵相のポストを占めました。ドイツもオーストリアも憲法の主要な起草者はユダヤ系でした。かつては金融界や知識層に多かったユダヤ人が、政治にも進出してきているとなると、世界征服の陰謀がにわかに真実味を帯びて感じられるようになります。

それが真実かどうかは、ここでは問題になりません。陰謀論にはまった大衆が勝手に想像力を働かせてくれたおかげで物語世界がふくらみ、ナチスの世界観を強化していくことになりました。仮にその物語に疑問を持つ人がいても、何か変わったことを言えば、秘密国家警察であるゲシュタポに検挙されるかもしれないので、なかなか口にできません――何をやったら反体制派と見なされることになるのかよく分からない状況を作り出して不安にさせることが、全体主義下の秘密警察の特徴です。誰も表立って口にしない。だから政権に対抗するもう一つの物語へと発展していかない。疑問に思っていた人も、自分の気のせいだったかもしれない、と自分に言い聞かせ、修正しようとする。そのため、ナチスの作り出した世界観に合った物語だけが流通し続けることになります。

## 求心力を維持するための「奥義」

世界観によって大衆の心をつかみ、組織化することが全体主義運動の最初のステップだとすると、その世界観が示すゴールに向けて、大衆が自発的に動くよう仕向けるのが次なるステップです。その手法を、ナチスは秘密結社に学んだとアーレントは指摘しています。

模範として秘密結社が全体主義運動に与えた最大の寄与は、奥義に通ずる者とそうでない者との間にヒエラルキー的な段階づけをすることから必然的に生ずる、組織上の手段としての嘘の導入である。虚構の世界を築くには嘘に頼るしかないことは明らかだが、その世界を確実に維持するには、嘘はすぐばれるという周知の格言が本当にならないようにし得るほどに緻密な、矛盾のない嘘の網が必要である。全体主義組織では、嘘は構造的に組織自体の中に、それも段階的に組み込まれることで一貫性を与えられており、その結果、ナイーヴなシンパ層から党員と精鋭組織を経て指導者側近に至る運動の全ヒエラルキーの序列は、各層ごとの軽信とシニカルな態度の混合の割合によって判別できるようになっている。全体主義運動の各成員は、指導層の猫の目のように変わる嘘の説明に対しても、運動の中核にある不動のイデオロギー的フィクションに対しても、運動内で各自が属する階層と身分に応じた一定の混合の割合に従って反応するように定められているのである。このヒエラルキーもまた、秘密結社における奥義通暁の程度によるヒエラルキーときわめて正確に対応している。

単なる下っ端の「よく分かっていない人間」のままなのは嫌だ、という大衆の心理を巧みに利用して、秘密結社的なヒエラルキーを導入したということです。アーレントは「奥義」と表現していますが、「真実」あるいは「トップシークレット」と言い換えてみるとイメージが湧くのではないでしょうか。

人間は、何が真実なのか分からない、自分だけが真実を知らされていない状態というのは落ち着かないものです。秘密結社に入っても、トップシークレットを知り得るのはヒエラルキーの階段を昇り詰めた、ごく一部の人たちだけ。自分も知りたい、教えてもらえるようなポジションに就きたい——と思わせるヒエラルキーを、ナチスは構築したわけです。

信用されればされるほど、上に行けば行くほど、より多くを知ることができる組織と言えば、ある程度の年齢の方であれば、オウム真理教のケースを想起されるのではないでしょうか。これはメンバーの忠誠心と組織の求心力を高める、最も効果的な方法です。

もともと上昇志向が強い人はもちろんですが、出世に無関心であったような人でも、一度「他の人が知らないことを自分は知っている」ということの妙を味わうと、知らないまま（知らされない状態のまま）ではいられなくなります。

こうした心理状態は、いじめという現象のなかにも見出すことができます。いじめの第一歩は、仲間外れを作り出すことです。任意の人物を、集団の意思決定のネットワークから排除する。すると、それまで無関心だった人も、身近に意思決定のネットワーク――いじめっ子のグループがあると分かる。分かると妙に気になって、自分もそのネットワークに加わり、なるべく中核に近いところへ行こうとします。それが自分を安心させ、満足させる最も手近な方法だからです。ヒトラーには、このような人間の心理がよく分かっていたのだと思います。

## 流動し増殖する組織――「運動」としての全体主義

アーレントは、全体主義は「国家」でなく「運動」だと言っています。奥義通暁の程度に応じて細分化されたヒエラルキーも、大衆の心を組織の中枢へと引き寄せ、絶えず動かしていくための仕組みといえるでしょう。

通常の国家は、指導者を頂点として、命令系統が明確なピラミッド状（もしくはツリー状）の組織を形成します。法による統制を徹底するには、それが不可欠だからです。これに対し、組織が実体として固まっていかないのが「運動」。イメージとしては台風や渦潮に近いと思います。

台風の目（中枢）は確認できても、全体の形状は不安定で、輪郭も定かではありません。全体主義においては、命令を発する台風の目も常に運動し、それに合わせて周辺の雲（組織）もどんどん形を変えていきます。

「運動」は全体主義の特徴であると同時に、急所でもありました。気圧の運動が鈍化すると台風の勢力が弱まるように、運動の担い手である大衆が安定してしまうと求心力が落ちてしまう。それを防ぐためにナチスが講じた諸策のなかで、アーレントが特に注目したのが「組織の二重構造化」でした。

第三帝国の初期には、ナチスは何等かの意味で重要な官庁はすべて二重化し、同じ職務が一つは官吏によって、もう一つは党員によって執行されるようにすべく配慮していた。

例えば外務組織も、旧来の外務省とその職員を温存しつつ、党の機関として新たに二つの外務組織を設け、片方には東欧やバルカンのファシスト運動との関係を、もう片方には西欧諸国との外交関係を担当させています。

警察組織に関しても、悪名高きゲシュタポ（秘密国家警察）がすべてを牛耳っていたわけではありません。単一機関に任せると、肥大化してヒトラーを脅かす存在になりかねないからです。同等の組織を横に並べる二重化のほか、エリート組織の上に新たなエリート組織を重ねることも行っています。

一例として、ナチスの軍事的な任務がどのように担われていたかを見てみましょう。通常の国家であれば、それは国防軍が独占的に遂行するものですが、ヒトラーはゲシュタポやSS（親衛隊）、SA（突撃隊）のような複数の機関に分散しています。

SAはナチスの武装行動隊で、一九二一年に設立されました。SSはヒトラー個人を守る護衛隊で、二五年に設立されたときはSAの下部組織だったのです。しかし、三三年の政権獲得後、SAがヒトラーの統制を外れる行動をとり始めると、ヒトラーはこれを許しませんでした。SSに指示してSA幹部の虐殺を実行し、組織を無力化したのです（レーム事件）[*7]。その後、SSは正規軍に準ずる武装部隊を擁する組織に発展し、武装SSと呼ばれるようになりました。SSの指導者だったヒムラー[*8]は、三三年から三六年にかけて各州の警察長官のポストも掌握して、SSの統轄下にゲシュタポ（秘密国家警察）を設立。SS・ゲシュタポの両組織が反ユダヤ政策の実行にあたることになります。SSにはこの他、国防軍が闘っている最前線の後ろでユダヤ人を虐殺して回る特別行動部隊という準軍事的な部隊もありました。

このように、ナチス・ドイツの組織構造は、二重化どころか、次第に「増殖」の様相を呈し始めます。あまりに複雑で、外からはもちろん、組織のなかにいてもその全貌や指揮系統が見えづらい――それこそがヒトラーの狙いでした。ヒトラーが優先したのは、統治の安定化ではなく、不安定な状態のまま、組織の求心力を維持し高めていくことでした。何重にも組織を作って忠誠心を競わせたのはそのためです。

## 強制収容所がユダヤ人から奪ったもの

ナチス政権は十二年しか続きませんでしたが、少なくともその間はヒトラーの絶対的支配が揺らぐことはありませんでした。すべての計画、殲滅すべき敵は、特段の理由もなく彼の一存で決められ、「なぜ」ということを彼に問う者も、それどころかそこに疑問を持つ者すらいなくなったとアーレントは指摘しています。

誰が逮捕され粛清さるべき人間であるか、彼が何を考え何を計画するかははじめから決まっているのであり、彼が実際に何を考え何を計画したかは誰の興味もひかない。彼の犯罪が何であるかは、客観的に、いかなる〈主観的因子〉も参考にすることなく決定される。世界のユダヤ人と闘うのであれば、敵はシオンの賢者の一味である。親アラブ的な対外政策を展開しようとしているのであれば、敵はシオニストである。

誰が、どんな罪を犯したかは、もはや問題ではありません。ユダヤ人による世界征服の陰謀などというものが嘘だったとしても、それが露見する怖れはありませんでした。それは、全体主義が不安定な「運動」だったからです。

安定した現実のなかでは、そしてすべての人に監視されている世界のなかでは嘘はすぐばれてしまう。嘘がばれないですむのは、全体的支配の状況がすでに日常世界を広く蔽ってしまい、プロパガンダが不必要になったときだけである。

不安定な運動のなかにあっては視界が悪く、嘘も見えなかったのです。いったん支配が確立し、全体主義という「台風」が人々の日常を完全に呑み込んでしまうと、「計画」を遂行するために誰かを説得したり、理由を説明したりする必要もなくなります。ナチスが「ユダヤ人のいない世界」を実現することは、さほど困難なことではなくなりました。その世界観を完成させたのが強制収容所であり、絶滅収容所です。

ナチスが最終的に「絶滅」を目指すようになった要因に、第二巻でアーレントが論じていた優生学的人種思想の影響があったと考えられます。文化的アイデンティティをベースとする「国民」概念で選別していれば、例えばユダヤ教を捨てた人は迫害の対象外にできたかもしれません。そうでなければ国外に亡命してもらう、という方法もあったでしょう。しかし、運動の初期段階で「人種」や「民族」という概念を世界観に持ち込み、それを統治の原理に組み込んだナチスは、ドイツ人たちにとって分かりやすい形で、「血」を浄化する——つまり、守るべき血統と絶やすべき血統を厳密に弁別し、後者を排除する必要があったのです。「浄化」を最も分かりやすい形で実現するのが、絶滅です。絶滅させてしまえば、これ以上、血が汚されることはありません。突拍子もない話ですが、巨大な警察＋軍事国家による全体的支配体制を確立すれば、不可能ではありません。そうやって、辻褄を合わせようとしたわけです。

ちなみに「血」のたとえは、ヒトラーが発案し、多くのナチス宣伝家が取り入れました。具体的には、異人種間の婚姻を「血の屈辱」と呼ぶことなどによって、ドイツ人の心理に原初的な感情を喚起したのです。一九三五年に制定されたニュルンベルク法[*9]は、ユダヤ人とドイツ人との婚姻・性交を禁止するなど、まさに「血の浄化」を法制化したものです。ナチスは、当初は単なるレトリックにしか見えなかったものを現実化していったのです。

強制収容所および絶滅収容所の罪過について、アーレントは次のように指摘します。

強制収容所および絶滅収容所の本当の恐ろしさは、被収容者がたとえ偶然生き残ったとしても、死んだ人間以上に生者の世界から切り離されている——なぜならテロルによって忘却が強いられているから——ということにある。ここでは殺害はまったく無差別におこなわれる。まるで蚊をたたきつぶすようなものだ。誰かが死ぬのは、組織的な拷問もしくは飢えに堪えられなかったからかもしれないし、あるいは収容所が一杯になりすぎていて、物質としての人間の量の超過分を処分しなければならなかったからかもしれない。また逆に、新たに供給される物質としての人間の量が不足する場合には収容所の定員充足率が下がり、労働力不足になる危険が生じるので、今度はあらゆる手段をもって死亡率を減らせという命令が出されることもある。

「生者の世界」とは、一般のドイツ人の社会を指します。彼らの多くは、強制収容所や絶滅収容所の内情を知りませんでした。情報統制が敷かれていたということもありますが、ナチスがユダヤ人を段階的にドイツ社会から切り離していたので、すでに「自分たちとは関わりのない存在」になっていたというのです。

### ユダヤ人の段階的切り離し

ユダヤ人の段階的切り離しについて、少し歴史的な過程を補足しておきましょう。ヒトラーが首相に就任した三カ月後、一九三三年四月に制定された職業官吏再建法で非アーリア人は官庁から排除されます。次いで、大学教師、弁護士、公証人、保険医など、公的職業にユダヤ人が就くことが禁止され、民間企業にも圧力がかかります。自営業の人はアーリア系企業への売却が迫られ、自由業の場合でも、ユダヤ人の作家の著作が焚書に遭うなど、ユダヤ人の職業生活が次第に困難になり、多くの人がドイツを離れます。序章でもふれたようにアーレントたちも比較的初期に亡命しています。そして一九三五年九月に先ほどのニュルンベルク法が制定され、ユダヤ人はドイツ人と性的関わりを持てないだけでなく、選挙権や公務就任権が奪われます。

一九三八年十一月、ユダヤ人少年による在パリ・ドイツ大使館員狙撃事件を口実に、ナチスに扇動された民衆による本格的なユダヤ人迫害が始まります。ユダヤ人商店やシナゴーグ（ユダヤ教の会堂）、企業、住宅が破壊されました。その際砕けたガラス片を水晶にたとえて、この事件は「水晶の夜」と呼ばれました。こうしたなかで、SSとゲシュタポはユダヤ人の国外追放や強制収容所送りを進めました。約三万人のユダヤ人男性が強制収容所に入れられました。更にユダヤ人に特別税が課され、損害保険金も没収され、ユダヤ系の企業の資産はアーリア系の企業に無償譲渡されました。こうやって、ユダヤ人を迫害して追い出すこと、ユダヤ人がいない環境で暮らすことが次第に当たり前になりました。またそれが、ユダヤ人がいなくなった後の官僚ポストに就いたり、国外に出て行ったユダヤ人の財産を受け継いだ人たちにとっての利益になりました。

翌三九年、ドイツ軍のポーランド侵攻によって第二次世界大戦が始まり、ドイツが東欧の各地を占領・支配するようになると、ヒトラーは東欧をドイツ民族の新たな入植地（東方生存圏）にするという、『我が闘争』（一九二五、二六年）以来の構想を実現しようとしました。しかし、それを実現するには占領地に暮らしている人々、特にユダヤ人をどうにかしないといけません。東欧には数百万人単位のユダヤ人がいました。フランス降伏後の仏領マダガスカル島へのユダヤ人移送計画[*10]（四〇年）、独ソ戦勝利後のロシア東部への移送計画（四一年）も立てられますが、いずれも計画倒れに終わってしまいます。その間、東方ではナチスの支配地域が広がっていきました。敵対勢力であるユダヤ人を監視下に置きながら占領を続けるのは負担ですし、彼らをどうにかしないと、ドイツ民族を中心とした東欧地域の再編（東部総合計画）が進みません。実際、ドイツ本国の人や民族ドイツ人[*11]の移住計画が既に動き始めていました。そこで文字通り、絶滅させるという選択肢が浮上してきます。

四一年六月に独ソ戦[*12]が始まると、特別行動部隊が前線の背後で、現地に居住するユダヤ人を虐殺し始めます。半年間に五十万人以上が殺されたとされています。この虐殺の進行によって、問題の解決のために彼らを丸ごと殺害するというやり方が、既成事実になっていきました。当初は、ソ連を速やかに征服して、ロシア東部にユダヤ人を移送するつもりだったのに、戦線が膠着化して、うまくいかなくなったこともあって、この路線が有力になりました。ユダヤ人問題の解決策は、「強制移送」から収容所での「絶滅＝ホロコースト」に転換したわけです。

## 絶滅計画はなぜ可能だったか

ナチスの歴史を研究する歴史家の間で、直接的に虐殺の任務を与えられていなかった人たち、例えば治安維持を担当する予備警察部隊の隊員にも、ユダヤ人をなぶりものにして楽しみながら殺そうとする残酷な態度が見られるのをどう解するかが話題になったことがあります。「普通のドイツ人」にも、単なるユダヤ人嫌悪にとどまらない、絶滅を志向するようなメンタリティがあったのではないか、ということです。なかなかはっきりした答えの出ない問題ですが、十九世紀以降次第にヨーロッパ諸国、特にドイツ語圏に浸透していた反ユダヤ主義が、ナチス政権の八年間の間にドイツ的日常の一部になっていたことと、総力戦の戦場における緊張・高揚感が相乗作用を引き起こしたということは言えるでしょう。

「絶滅計画」が実行された主要な舞台が、ドイツ本国ではなく、東欧の占領地域だったことも、実行者たちにとって殺害のハードルが低くなった要因かもしれません。「追放計画」は政策として公表されていましたが、「絶滅計画」は一般国民向けには公表されず、ヒトラーと側近だけで方針を決め、特別行動部隊やSSの絶滅収容所の管理部門で実行されました。ただ一般国民も、戦争中とはいえ、隣人がいきなり連行されたら、心配したり、不安になったり、少なくとも行き先くらいは気になると思いますが、今までお話ししたようにユダヤ人が徹底して隔離され、そこにいてはならない存在だという教えが浸透したためか、あまり気にする人はいなかったようです。〃自分と同じ一般市民〃である隣人がいなくなれば、我が身にも同じことが起こるかもしれないと不安になるかもしれませんが、ユダヤ人は自分たちとは縁もゆかりもない異質な存在になっていました。つまり、いなくなっても、あまり気にならない存在になっていた、ということです。

西欧世界はこれまで、その最も暗黒の時代においてさえ、われわれはすべて人間である（そして人間以外の何ものでもない）ということの当然の認知として、追憶される権利を殺された敵にも認めて来た。アキレス*13はみずからヘクトールの埋葬におもむいたし、専制政府も死んだ敵を敬ったし、ローマ人はキリスト教徒が殉教者伝を書くことを許したし、教会は異端者を人間の記憶のなかにとどめた。だからこそすべて跡形なく消え去ることはなかったし、あり得なかったのだ。人は常に自分の信条のために死ぬことができた。強制収容所は死そのものをすら無名《アノニマス》なものにする――ソ連では或る人がすでに死んでいるかまだ生きているかをつきとめることすらほとんど不可能なのだ――ことで、死というものがいかなる場合にも持つことができた意味を奪った。それは謂《い》わば、各人の手から彼自身の死を捥《も》ぎ取ることで、彼がもはや何も所有せず何ぴとにも属さないということを証明したのだ。彼の死は彼という人間がいまだかつて存在しなかったことの確認にすぎなかった。

アーレントがここでこだわっているのは、ナチスがユダヤ人の「死」をどう扱ったかということです。ただ命を奪ったのではなく、そもそも、その人が存在していたという事実まで抹消した――名前も信条も、人格や個性も「なかった」ことにした――というのです。

アーレントが参照しているように、古代ギリシアの叙事詩に登場するアキレスは、仇の遺体を家族の元に返しています。有史以来、人間は自分が殺した敵のことも、殺さなければならなかった理由や経緯と共に記憶に留め、ときには敵を敬いもしました。しかし強制収容所での死は、殺した側が「人を殺した」という実感すら持たないようなものでした。ナチスは「ユダヤ人がいない世界」を作ろうとしたのではなく、「そもそもユダヤ人などいなかった世界」に仕立てようとしたわけです。

それが可能だったのは、ナチスがドイツ人からも道徳的人格を奪っていたからだとアーレントは示唆しています。道徳的人格は、私たちがお互いを単なる生物学的な意味でのヒトではなく、自由な意思を持った、自分と同等の存在として尊重し合う根拠になるものです。道徳的人格がないヒトは、ただの有機体、動く物質です。道徳的人格が否定された存在を殺すのは、物質を壊すこと、せいぜい、他の生き物を殺傷処分することと同じです。隣人が連行されたドイツ人の無関心も、良心の呵責に苛まれることなくユダヤ人を死に至らしめた人々のメンタリティも、全体主義支配が進展していく中で、ユダヤ人の法的人格が段階的に剝奪され、それに伴って、その根底にある道徳的人格も否定されたことの帰結です。

## 道徳的人格と「複数性」

アーレントは、そうした道徳的人格は生得的なものではないと考えます。生物としてのヒトが育っていくうちに、自然とお互いの人格を認め合い、かけがえのないものと見做すようになるわけではありません。アーレントにとって、人間は私的（プライベートな）領域だけでなく、「政治的領域」でも生活する存在です。私的領域は、生物として生きていくうえでのニーズを満たすだけの領域です――アーレントは、私的領域を親しい人同士の親密な関係が築かれる領域というより、人の生活に関わる様々なことが秘密裏に（in private）処理される領域としてネガティヴに捉えています。それに対して、政治が営まれる公的領域では、人々はお互いに言語や演技によってお互いに働きかけ、説得しようと努力する中で、他者が人格をもった存在であること、更に言えば、自分とは異なった意思を持つ存在であることを学んでいきます。

そのようにして自律した道徳的人格として認め合い、自分たちの属する政治的共同体のために一緒に何かをしようとしている状態を、アーレントは「複数性 plurality」と呼びます。アーレントにとって「政治」の本質は、物質的な利害関係の調整、妥協形成ではなく、自律した人格同士が言葉を介して向かい合い、一緒に多元的（plural）なパースペクティヴを獲得することなのです。異なった意見を持つ他者と対話することがなく、常に同じ角度から世界を見ることを強いられた人たちは、次第に人間らしさを失っていきます。

全体主義的支配は、一方では政治的・公的領域の消滅の後にも残っている人間間の一切の関係を破壊し、他方ではこのように孤立化され、お互いを見捨てたあげく、放置された状態にある人々が再び、政治行動——もちろんそれは真の政治的行為ではないのだが——に動員されるような状況を否応なしに作り出す。

ナチスの全体主義的支配で、言葉によって人々が結び付く「公的領域」が崩壊した状態で生き続けた人たちは、プロパガンダの分かりやすい言葉に反応しやすくなります。そうやって他者との繋がりを回復しようとするわけですが、それは対話を通して他者を理解するようになる言葉ではなく、動物の群れを同じ方向に引っ張っていく合図の呼び声のようなものです。人々は、そういう単純なシグナルに従って、同じ方向に進んでいくことが政

## 『全体主義の起原』略年譜

| 時代 | 年 | 出来事 | 動き |
|---|---|---|---|
| 絶対君主制 | 1596頃 | 『ヴェニスの商人』 | 蔑まれるユダヤ人像定着 |
| | 1789 | フランス革命はじまる | |
| | 1791 | ユダヤ人解放令 | ユダヤ人の同質化＋異分子化 |
| | 1796 | ナポレオン戦争（〜1815） | 「国民」意識の芽生え |
| | 1859 | ダーウィン『種の起源』 | 優生思想生まれる |
| 国民国家 | 1892 | パナマ運河疑獄 | 「人種」思想広がる |
| | 1894 | ドレフュス事件。キプリング『ジャングル・ブック』 | ユダヤ人陰謀説広がる。シオニズム活発化 |
| | 1899 | チェンバレン『19世紀の基礎』 | |
| 帝国主義 | 19世紀末 | ワンダーフォーゲル運動はじまる | 民族的ナショナリズム広がる |
| | 1901 | キプリング『少年キム』 | |
| | 1902 | コンラッド『闇の奥』 | |
| | 1903 | 『シオンの賢者たちの議定書』 | |
| | 1905 | ロシア革命（〜17） | |
| | 1914 | 第一次世界大戦（〜18） | |
| | 1919 | ヴァイマル共和政成立。ヴェルサイユ条約調印 | 「無国籍者」大量発生。このころからナチズム、ボルシェヴィズム広がる |
| | 1921 | ナチスでＳＡ（突撃隊）設立 | |
| | 1922 | 『ドイツの歌』が国歌になる | |
| | 1925 | ナチスでＳＳ（親衛隊）設立 | |
| | 1929 | 世界恐慌 | |
| 全体主義 | 1933 | ナチス・ドイツ成立。ゲシュタポ（秘密国家警察）設立（〜36） | |
| | 1935 | ニュルンベルク法制定 | |
| | 1938 | 「水晶の夜」事件 | 大規模なユダヤ人迫害はじまる |
| | 1939 | ドイツ軍によるポーランド侵攻、第二次世界大戦（〜45） | |
| | 1940 | フランス降伏。ナチス・ドイツで「マダガスカル計画」検討 | |
| | 1942 | ヴァンゼー会議で「ユダヤ人問題の最終解決」正式決定 | ユダヤ人大量虐殺はじまる |
| 民主主義 | 1945 | ニュルンベルク国際軍事裁判（〜46） | |
| | 1948 | イスラエル建国 | |
| | 1961 | アイヒマン裁判 | |

治で、それによって人間らしい繋がりを回復できると勘違いしてしまうのです。「公的領域／私的領域」の関係や、「複数性」をめぐるアーレントの議論は結構複雑なのですが、終章で少しまとめた形でお話ししたいと思います。

道徳的人格が解体されていく（つまり、自分の頭で考えたり、判断したりしなくなる）過程や、人格としての自律を失った人間のメンタリティについて、アーレントがより本格的に取り組むきっかけとなったのがアイヒマン裁判です。

元ナチス親衛隊中佐アドルフ・アイヒマンの裁判は、ユダヤ人が建国したイスラエルで開かれました。これを傍聴したアーレントが何を感じ、どのような結論に至ったのか。第4章では、裁判の一部始終から死刑執行までを追ったアーレントの著作『エルサレムのアイヒマン』を紐解いていきたいと思います。

**現代にも起こり得る全体主義**

アーレントは『全体主義の起原』のエピローグで、先ほど見たように、全体主義支配が人間の「自己」を徹底的に破壊することを指摘しています。彼女自身はナチスのような全体主義が再興する危険性を、具体的な形で言及してはいません。しかし、条件が揃えば現代でも全体主義支配が起こる可能性はゼロではないと思います。

ナチスが台頭した頃と同様、現代は個人がバラバラになっています。人間同士のリアルなつながりが薄れる一方、人々が逃げ込むインターネット上ではプロパガンダが跋扈《ばっこ》しています。

人間は、明快な世界観や陰謀論的なものに弱いものです。大人向けのアニメの多くに陰謀論的な筋書きが施され、またそうしたものが支持されているということに、それは表れているでしょう。

強い不安や緊張状態にさらされるようになったとき、人は救済の物語を渇望するようになります。それまでの安定と、現在の不安とのギャップが大きければ大きいほど、分かりやすい物語的世界観の誘惑は強くなります。経済的格差が拡大し、雇用や福祉制度などの社会政策が崩壊しかけていると言われる今の日本は、物語的世界観が浸透しやすい状況と言えるかもしれません。

ナチスも、結党当初はそれほど強い支持を得ていたわけではありません。しかし第一次世界大戦で敗北して以降、急速に経済が逼迫するなか、当時の政権（ヴァイマル共和政の社会民主党政権）は、大衆が国の再興を実感できる（期待できる）処方箋を提示できずにいました。議会での民主的審議を重視するあまり、物事を決定できなくなっていたのです。戦勝国に対しても、強い交渉力を発揮できていないように（大衆には）見えた。我慢できなくなった大衆が求めたのは、強力なリーダーシップを発揮できる剛腕でした。様々な問題を一発解消してくれる秘策が、どこかに必ずあるはず——そう期待したのです。それまで政治に対してまったく無関心・無責任だった人たちが、危機感のなかで急に〝政治〟に過大な期待を寄せるようになると、そういう発想に陥りがちだという点にも留意する必要があるでしょう。

現代でも、特に安全保障や経済に関連して、多くの人が飛びつくのは単純明快な政策です。完全に武力放棄するか、徹底武装するか。思い切った量的緩和こそ最善の策と主張する人がいる一方で、古典的自由主義に則って市場介入を一切やめるのが正解という人もいますが、世界はそれほど単純ではありません。

単純な解決策に心を奪われたときは、「ちょっと待てよ」と、現状を俯瞰する視点を持つことが大切でしょう。人間、何かを知り始めて、下手に「分かったつもり」になると、陰謀論じみた世界観にとらわれ、その深みにはまりやすくなります。全体主義は、単に妄信的な人の集まりではなく、実は、「自分は分かっている」と信じている（思い込んでいる）人の集まりなのです。

分かりやすい説明や、唯一無二の正解を求めるのではなく、一人ひとりが試行錯誤をつづけること。アーレントの『全体主義の起原』は、その重要性を言外に示唆しているように思います。

＊1 **第一次世界大戦後の賠償金問題**　一九一九年、連合国側とドイツはヴェルサイユ条約に調印し、ドイツはすべての植民地と領土の一部を失い、さらに巨額の賠償金の支払い（一九二一年、千三百二十億金マルクに決定）を課せられた。

＊2 **世界恐慌**　一九二九年、ニューヨーク株式市場での株価の大暴落から世界中に拡大した経済恐慌。ドイツはヴェルサイユ条約と世界恐慌により、深刻な経済状況に陥った。

＊3 **ボルシェヴィズム**　ソ連共産党の前身であるボルシェヴィキの政治思想。ボルシェヴィキは「多数派」の意味で、一九〇三年にロシア社会民主労働党が分裂した際にレーニンが率いた勢

力。彼らはブルジョア階級との妥協を排し、前衛政党が労働者・農民を指導する武装革命を提唱し、一七年の十月革命で政権に就くと党による独裁体制を築いた。分裂したもう一方の勢力は「メンシェヴィキ（少数派）」と呼ばれた。

＊4 **プロクルステスのベッド**　ギリシア神話に出てくるアッティカの追い剥ぎプロクルステスが、通行人を捕らえてベッドに無理やり寝かせ、身長がベッドより長ければその長さだけ足を切り落とし、短ければ槌で打ち伸ばしたというエピソードから、容赦ない強制や杓子定規の意味で使われる。

＊5 **『永遠のユダヤ人』**　一九四〇年に公開された、ナチスの宣伝相ゲッベルスの指示で製作された反ユダヤ主義のプロパガンダ映画。原題の〈Der ewige Jude〉は、十字架のイエスを侮辱したため、永遠に放浪する呪いを受けた「彷徨えるユダヤ人」という民間伝承の登場人物を指す。アーリア人の優秀さとユダヤ人の劣等性の対比を強調しながら、ユダヤ人の世界支配の陰謀を描き出す。

＊6 **ゲッベルス**　一八九七〜一九四五。ナチス政権の宣伝相として、言論・文化統制を行って反ユダヤ主義を喧伝し、国民を戦争に動員した。ヒトラーは彼を後継首相に指名して自殺したが、ゲッベルスもその翌日に自殺。

＊7 **レーム事件**　ナチス政権樹立後、ＳＡの正規軍への格上げを主張し、ヒトラーや国防軍の首脳部と対立を深めていたＳＡ幕僚長のレームや、社会主義的な路線を追求するナチス左派の

領袖グレゴール・シュトラッサー、ヒトラーを公然と批判していたシュライヒャー元首相等がSSやゲシュタポ、国防軍によって粛清された事件。一九三四年六～七月。これによってヒトラーの権力は絶対的なものになる。

*8 **ヒムラー** 一九〇〇～四五。ナチスの党官僚。一九三六年にSS全国指導者兼全ドイツ警察長官に就任し、国内の警察機構を掌握する。政権末期には内務大臣も兼務する。

*9 **ニュルンベルク法** ナチス政権下のドイツで、一九三五年九月に制定された「ドイツ人の血と名誉を守るための法律」「帝国市民法」の二つの法律の総称。ナチスの全国党大会が開かれていたニュルンベルクにおいて召集された国会で議決されたことから、この名称で呼ばれている。前者でドイツ人とユダヤ人の婚姻や性交渉が禁止され、後者で非アーリア人に対して、選挙権や公職就任権などの帝国市民権が否定された。これらの法律の施行令でユダヤ人の定義が明確にされた。

*10 **マダガスカル計画** ドイツの勢力圏内に住む三百万～四百万人と言われるユダヤ人を集めてアフリカ東岸の仏領マダガスカル島に移住させることで、ユダヤ人問題を解決する計画。一九三八年頃からゲーリングやリッベントロップなどのナチス幹部の間で強制移住政策が検討され始め、三九年一月に保安警察長官のハイドリヒを本部長とし、アイヒマンを実質的責任者とする「ユダヤ人移住中央本部」が創設される。一九四〇年六月にフランスがドイツに降伏したことで、現実味が増すが、大西洋の制海権を握る英国との講和が前提だった。四〇

年八〜九月のイギリス本土大空襲（バトル・オブ・ブリテン）が失敗したため、この計画も挫折した。

＊11　**民族ドイツ人**　ドイツの国外に居住しているが、血統的・人種的にドイツ人と認められる人。ナチスは東欧の占領地域で、民族ドイツ人と、ユダヤ人やスラブ人を区別し、前者を優遇した。また、ポーランドの占領地域の内、ドイツ帝国に編入した西部地域に、ポーランド東部、ソ連、バルト三国、ルーマニア等に居住する民族ドイツ人を移住させ、ゲルマン化を図った。

＊12　**独ソ戦**　ナチスは当初は徹底した反共の立場を取り、ソ連と敵対していたが、チェコスロヴァキアの併合をめぐって西欧諸国との緊張関係が高まると、同じ様に西欧諸国と緊張関係にあったソ連と相互に接近するようになる。一九三九年八月に独ソ不可侵条約を結び、九月にそれぞれポーランドに侵攻し、分割占領する。しかし、東方こそがドイツの生存圏だと信じていたヒトラーは、対ソ戦争の準備を命じ、四一年六月に三百万の兵力を投入してソ連を奇襲攻撃する（バルバロッサ作戦）。

＊13　**アキレス**　ギリシア神話の英雄、ホメロスの叙事詩『イーリアス』の主人公。女神と人間の王の間に生まれた半神で、踵（アキレス腱）以外はいかなる攻撃によっても傷つかない。トロイ戦争で、自分の親友を殺したトロイの王子ヘクトールと戦い、復讐を遂げる。ヘクトールの遺体を戦車につないで引き摺り回すが、ヘクトールの父である、トロイの王プリアモスの懇願に心を動かされ、遺体を引き渡す。

# 第4章 「凡庸」な悪の正体

## アイヒマン裁判とアーレントの問題意識

アーレントは、ナチスの迫害を逃れ、難民としてアメリカに渡って十年が経ち、『全体主義の起原』を刊行した一九五一年にアメリカ国籍を取得しました。「市民」という立場を取り戻した彼女が次に取り組んだのは、「人間」の歴史的起原を探るという仕事でした。

この哲学的探求は、七年の歳月をかけ、『人間の条件』として結実します。アーレントが「人間」をどのようなものと考え、どのように条件づけたかについては、終章でもう一度じっくりと検討してみたいと思います。その後はカリフォルニア大学バークレー校、プリンストン大学、コロンビア大学などで客員教授を務め、アメリカで「学者」としての足場も固めていきました。

さらに六〇年代に入ると、アーレントの名はアカデミズムやジャーナリズムの世界を超えて、広く世間に知られるようになります。そのきっかけとなったのが『エルサレムのアイヒマン』です。

本著の主役であるアドルフ・アイヒマンは、ナチス親衛隊（ＳＳ）の中佐だった人物です。最高幹部というわけではありませんが、ユダヤ人を強制収容所や絶滅収容所に移送し、管理する部門で実務を取り仕切っていました。ナチスの主だった幹部はすでにニュルンベルクの国際軍事法廷[*1]で裁かれ、死刑に処されていましたが、彼はアルゼンチンに逃げ延びていました。一九六〇年五月、潜伏していたアイヒマンをイスラエルの諜報機関モサドが拘束。イスラエルに強制連行し、翌年、エルサレムの法廷で裁判[*2]が開かれました。

アイヒマンはアルゼンチンに住んでいたわけですから、モサドによる強制連行は、アルゼンチンの主権を侵害する問題行為といえます。裁判そのものも、本来であれば国際法廷に委ねられるべき事案でしょう。しかし、ナチスによる大量殺戮の記憶が生々しい当時、他の国々も国連も、致し方ないとしてこれを容認したのでした。

政治哲学者として一定の影響力を持つようになっていたアーレントは、自ら『ザ・ニューヨーカー』誌に志願し、特派員としてエルサレムに赴いて裁判を傍聴します。アイヒマンは、アーレントが自著で洞察した「全体主義」運動を、その中枢に近いところで支えた人物の一人。人間の、どんなメンタリティが全体主義を動かしたのか、自分の目で確かめたかったのでしょう。

『エルサレムのアイヒマン』は、裁判の傍聴録という形を取りながら、全体主義体制における道徳的「人格」の解体について考察しています。アーレントの記述から、まずは法廷に立つまでのアイヒマンの足跡を辿ってみましょう。

彼はドイツの平凡な中流家庭に生まれました。「ぱっとしない学校生活」を送りますが、父親にあてがわれた鉱山での仕事や、親戚が紹介してくれた石油会社で出張販売の仕事などにありつきます。おかげで彼は、大量失業時代のドイツにあって、それなりの暮らしができていたようです。

転機となったのは、ナチスが政権を掌握する直前の一九三二年。アイヒマンはナチスに入党し、すぐにナチス親衛隊員となりました。さらに翌年、石油会社から解雇されると、SS長官直属[*3]の諜報機関として新設された公安部（SD）に志願、ユダヤ人問題に関する資料・情報の収集にあたります。この仕事を通じて彼はユダヤ人団体と接触し、ドイツからの国外退去交渉なども担当。次第にユダヤ人問題の専門家として組織のなかで認知されるようになり、昇進を重ねていきました。

そして第二次世界大戦の盛期、ユダヤ人絶滅という「最終解決」の責任者の一人[*4]として、彼は多くのユダヤ人を絶滅収容所、そしてガス室へと送ります。アイヒマンの指揮下で逮捕され、収容所で殺されたユダヤ人は数百万人にのぼるともいわれます。終戦後、米軍に逮捕されたものの、翌一九四六年に脱走。アルゼンチンに逃れ、リカルド・クレメントという偽名を使って家族と共に潜伏していましたが、ブエノスアイレス郊外でモサドに拘束されたのでした。

## 服従の心理と、その責任とは

アーレントは冒頭でこの裁判の枠組み自体に対して批判的なスタンスを示しています。通常の裁判は、被告が実際に何をやったか、それが処罰すべき罪なのかを法に従って吟味していきます。「この裁判はユダヤ人の苦難の上に組み立てられており、アイヒマンの行為の上に組み立てられているわけではなかった」、とアーレントは指摘しています。つまり、ユダヤ人に対して起こったホロコーストという前代未聞の事態の不当さを全世界に訴え、ユダヤ人が自分たちにとっての正義が実現された、と思えるような形での究極の裁きが期待されていたわけです。第三者的には、ニュルンベルク法廷がそういう場になったのではないか、という見方をすることもできそうですが、イスラエルのユダヤ人からしてみれば、被害者である自分たちの代わりに、国際軍事法廷が裁きを下すというのは我慢ならないことでした。それでは自分たちの苦しみが分からない。被害者としては、そのように思うのは当然かもしれませんが、そのどうしようもない痛み、口惜しさを晴らすための対象として、アイヒマンを想定していたのでは、彼自身の行為を裁くことはできません。

それに加えてアーレントは、検察側が、この裁判でアイヒマンを非ユダヤ人に対する犯罪でも告発するつもりであることを宣言し、その理由として、自分たちは「民族で差別しない」からである、とわざわざ断っていることも問題視します。一見すると、裁判の公正・中立さを確保しようとする姿勢の表れのように聞こえますが、よく考えると、近代の刑事裁判というのはそもそも、被害者が裁判官や検事と同じ「国民」や「人種・民族」に属するか否かにかかわらず、被告人が犯した犯罪行為について審理するわけですから、こういう宣言をすること自体が不自然なわけです。加えて、そう言っている一方で、当時のイスラエルでは、ユダヤの律法に従って、ユダヤ人と非ユダヤ人の結婚が認められず、非ユダヤ人の母親から生まれた子には市民権が認められていなかったことを指摘していますす。どこかで聞いたような話ですね。ユダヤ人は人種・民族差別の一方的な被害者であること、自分たちの手は汚れていないことをアピールしたい意図は明白です。イスラエルは一九四八年の建国以来、それまで二度の中東戦争[*5]を経験し、国際的にかなり不安定な立場にありました。自分たちが、民族問題の被害者であることを強調することには、そうした国際情勢的な意味もあったでしょう。

イスラエル内外のユダヤ人ほどではないにしても、西欧諸国の人々も、ホロコーストという未曾有の事態に対して分かりやすい形での裁きが必要であると感じていたでしょうし、ホロコーストを防げなかったことへのうしろめたさも持っていたでしょう。ホロコーストを立案した責任者が引き出され、その帰結に対して断罪されねばならない。そういう気持ちでアイヒマン裁判を見れば、アイヒマンはホロコーストという歴史上前例のない事態を引き起こすのに相応しい人間でなければなりません。

「最終解決」の実行責任者であるアイヒマンは、ユダヤ人に対して強い憎しみを抱いていたはず。凶悪で残忍な人間に違いない――。アイヒマン裁判に注目していた人々は、そのように想像（あるいは期待）していました。しかしアーレントは、実際の彼はまったくそうではなかったと記しています。

そうした姿勢は「悪の陳腐さについての報告」という本書のサブタイトルにも表現されています。陳腐と訳された英語の「banal」は、「どこかで見たような」「ありふれた」「凡庸な」という意味の形容詞。どこにでもいそうなごく普通の人間だった、ということです。

若い頃から「あまり将来の見込みのありそうもない」凡人で、自分で道を拓くというよりも「何かの組織に入ることを好む」タイプ。組織内での「自分の昇進にはおそろしく熱心だった」とアーレントは綴っています。

## 「命令」と「法」

そんなアイヒマンの発言のなかで、アーレントが特に注目し、驚かされもしたのが、その徹底した服従姿勢でした。しかも彼は、上役の「命令」に従っただけでなく、自分は「法」にも従ったのだと主張しています。

彼のすることはすべて、彼自身の見方によれば、法を守る市民として行っていることだった。彼自身警察でも法廷でもくりかえし言っているように、彼は自分の義務を行った。命令に従っただけではなく、法にも従っていたのだ。アイヒマンはこれは重要な相違であるといろいろほのめかしたが、弁護側も判事もそうした言い分は取り上げなかった。（『エルサレムのアイヒマン』、以下引用部同様）

人殺しが「罰」せられるのは、それが「法」に反する行為だからです。しかしアイヒマンは、自分は法による統制を尊重し、法を守る市民の義務を果たしたと主張しました。どんな発言にそれが表れていたかという例として、アーレントは警察の訊問に対するアイヒマンの、こんな弁明を挙げています。

自分はこれまでの全生涯をカントの道徳の格律、特にカントによる義務の定義にのっとって生きて来たと彼が突然ひどく力をこめて宣言したときに最初に見られた。あきらかにこれはけしからん言い分であり、不可解でもあった。なぜならカントの道徳哲学は、盲目的服従をしりぞける人間の判断力と密接に結びついているからである。

自分が従うべき道徳法則を自分自身の理性によって見つけ、それに従うのが人間にとっての自由であり、かつ義務である——というのがカントの道徳哲学です。これは徹底した自律の思想ですから、アイヒマンのような服従的な態度とは正反対のものに思えます。ただ「盲目的」に権威に従うだけでなく、彼が自発的かつ積極的に従属していたことをアーレントは特筆しています。

人は法に従うだけであってはならず、単なる服従の義務を越えて自分の意志を法の背後にある原則——法がそこから生じてくる源泉——と同一化しなければならないという要求である。(中略)アイヒマンがカント哲学を日常的に用いる場合、それは総統《フユーラー》の意志である。最終的解決の実施におけるおそろしく入念な徹底ぶり——典型的にドイツ的なものとして、あるいは完璧な官僚の特徴として人の目をひく徹底ぶり——は、法を守るということは単に法に従うということではなく、自分自身が自分の従う法の立法者であるかのように行動することを意味するという、ドイツではごく一般的になっている、古くからの観念に帰することができるのである。義務の命ずる以上のことをしなければならないという信条はここから来るのである。

ドイツの〈凡人〉の心性の形成にカントがどんな役割を演じたにせよ、或る観点から見た場合、アイヒマンが実際カントの格律に従っていることにいささかも疑いをはさむ余地はない。法は法であり、そこには何らの例外もあり得ないということである。

ここに書かれているように、アイヒマンにとっての「法」とはヒトラーの意思です。ヒトラーという法に恭順しただけでなく、彼は自分自身がまるで「自分の従う法の立法者であるかのように」行動していました。つまり、上から言われたから仕方なくやったのではなく、法の精神を理解し、法が命ずる以上のことをしようと腐心していたということです。その「おそろしく入念な徹底ぶり」は「典型的にドイツ的なもの」であり、「完璧な官僚の特徴」的なものでもあったとアーレントは指摘しています。

アイヒマン自身も、嫌々やっていたという意識は一切ないと証言しています。もし彼が上層部の命令に仕方なく従っていただけの小役人だったなら、ある意味、話は簡単だったかもしれません。その場合、嫌々やったというところに、ささやかな良心のかけらを見出すことができるからです。

人を殺す義務の遂行に徹底的に忠実だったこの態度が他の何にもまして判事たちの心証を悪くしたのは理解できることだが、彼自身の目から見れば、まさにこれこそ彼の心にわずかなりと残った良心を沈黙させたものとして、彼を正当化するものだった。例外なし――これこそ彼が感情的なものであれ利害に基づくものであれ自分自身の傾向にさからって行動したことの、常に自分の〈義務〉をはたしたことの証拠だった。

ささやかな良心のかけらもない――というところに、むしろアイヒマンは自負を持っていたのです。彼にも「わずかなりと残った良心」はあったものの、法に例外があってはならないという彼なりの遵法精神によって、それは克服されてしまったとアーレントは考察しています。良心の呵責など封印し、ヒトラーという法に従って粛々と義務を果たしてきただけ。だから「私はユダヤ人であれ非ユダヤ人であれ一人も殺してはいない」のであり、自分が追及される理由は「ただユダヤ人の絶滅に『協力し幇助したこと』だけ」だとアイヒマンは繰り返し主張しました。

## アイヒマンの「正しさ」

いかなる場合も、法は法として守らねばならないというアイヒマンの遵法意識は、裁判においても遺憾なく発揮されました。自身の罪状が記された千六百点にも及ぶ文書をきちんと読んで、公判に臨んでいたというのです。

彼がこれらの文書を真剣に研究しはじめたのはエルサレムに来てからだった。そして証人台に立たされると、それまでの時間を彼が無駄にしていなかったことはまもなくあきらかになった。今では彼は文書をいかに読むかということを心得ていた。これは警察の取調のあいだにはなかったことである。そして彼は自分の弁護士よりも正しく読むことができた。こうして法廷でのアイヒマンの証言こそがこの裁判の最も重要な証拠であることが判明した。

警察の尋問にも、法廷においても、アイヒマンは常に協力的でした。彼は、潜伏中の自分の上にのしかかっていた「虚偽と真実」が公開裁判の場で篩《ふる》い分けられることを喜び、恐ろしく長い反対訊問が行われることさえ、自分は「誇りとしている」と語っています。

公判中の実際の映像を見ると分かりますが、どんな訊問にも彼は冷静かつ十全に答えています。この裁判が死刑を前提にしたものであることは、本人も当然分かっていたはずです。懇切丁寧に答えたところで無罪になる可能性はないにもかかわらず、彼は自分の考えと立場をきちんと説明し、彼なりに懸命に真実を明らかにしようとしたわけです。

アイヒマンが粗暴で狂信的な反ユダヤ主義＋ヒトラー信奉者、あるいは、その逆に、命が惜しくてうろたえ、今にも泣き出してしまいそうな情けない男であれば、アーレントにとっても納得しやすかったかもしれません。しかしアイヒマンは、「法」に従い、秩序を守る義務を負った官僚としての自分を演じ続けました。まるで「法」の代理人であるかのように。彼は何となく長い物にまかれて生きている人間ではなく、ある意味、「法の支配」の重要性を知っている人です。そこが哲学者であるアーレントにとって、なかなか納得のいかないことでした。

## 人間にとって「法」とは何か

哲学と「法」は一見あまり関係ないようですが、実は本質的なところで深く関係しています。西欧哲学の始祖とも言うべきソクラテスは、青少年をまどわしたという廉《かど》で自分に対して死刑判決を下した裁判官たちの判断がおかしいと確信していましたが、逃亡するように勧める友人たちの声に耳を傾けず、冷静に死を受け容れます。[*6] 祖国の「法」に従う手続きで死刑判決が出た以上、それを勝手に無視すれば、もはや自分が国家（ポリス）の「法」に従って正しい行為をしていると言えなくなります。これ以降、悪法に対して従うべきか、そういう義務があるのか、というのは哲学にとっての重要なテーマになります。

そしてアーレントが強く依拠していたカントは、自分の理性によって発見した道徳法則に従って行為することこそが、人間にとって真の自由であると主張しました。動物のようにその場限りの、食べたいとか眠りたい、贅沢したいといった物質的・刹那的な欲求によって行動するのではなく、自分が本当は何を目指しているのか理性的に考え、その目標の実現のために従うべきルールを見出し、それに自発的に従っている状態こそが、自由であるということです。物理的な因果法則からの自由、自分の身体に生じて来て自分を突き動かす欲求に左右されることなく、自らの意思を律することのできる自由です。

カントによれば、理性によって見出される道徳法則は、無条件に「○○せよ」とか「▽▽するな」と命じるものであるはずです（定言命法）。例えば、「嘘をついてはならない」と自分の理性が命じているとしたら、どんな事情があろうと、たとえ、誰かの命を救うための方便だとしても、嘘をつくことは許されません。道徳法則は普遍的でなければならないのです。それに対して、「〜したければ、○○せよ」という形を取る条件付きの命令（仮言命法）は、身体的欲求や習慣的惰性、社会的・環境的な制約要因によって左右されているため、純粋な道徳法則ではないので、本当の意味での「自由」には繋がりません。周りの人からよく見られたいからとか、周囲から非難されるからという理由で、困っている人に親切にするのは、仮言命法に基づく行為であって、カントの道徳哲学の視点から見れば、それはお腹が空いたから、ご飯を食べるというのと本質的に同じです。

そして、国家の法はそうした定言命法の形を取る道徳法則によって基礎付けられていなければならない、とカントは主張します。もう少し正確に言うと、「これこそが私たちが従うべき真の道徳法則だ」、と市民たちが自ら理性によって判断し、合意できる内容に基づいていなければならない、ということです。市民たちが理性的に合意し受け容れた「法」に従うことこそが、市民にとっての自由です。無論、様々な異なった環境で育ち、異なった考え方や生き方をしている人々が――たとえ近似的にでも――そうした理性的合意に達することは可能なのか、という根本的な問題がありますが、カントの影響を受けた近代の道徳・政治哲学者たちはその可能性を探究し続けました。アーレントもその一人です。

そうした「法」を重視する立場から見た場合、自らが「法」だと信じたものに従い続ける、たとえ死刑になると分かっていて、もはや自分にとって何の利益にもならないと分かっていても従い続けようとするアイヒマンの姿勢は、ある意味、極めて道徳哲学的であるように見えます。アイヒマンが従っていたのは、「法」ではなくて、ヒトラーの命令ではないか、と疑問を持つ人もいるかもしれません。しかし忘れないでください。ヒトラーは、(いくつか疑問に思えるポイントはありますが)ヴァイマルの法律の手続きに従って、「指導者」になった人です。彼の命令が「法」であると、ドイツ国民が合意したと見ることもできます。ここでソクラテスの問いが意味を持ってきます。それまで自分が尊重し、従っていた「法」が、おかしなことを命じたら、自分の意思でそれに反逆することは許されるのか?

ユダヤ人を差別して、殺してもいいとするヒトラーの意思を道徳法則だと考えること自体がおかしい、と言う人もいるでしょう。ソクラテスがどう言おうと、露骨な悪法に従うことこそ不正だ、と。そう考えるのが普通の人間の常識でしょう。ですが、その常識を疑うのが「哲学」です。こういう言い方をすると、「何だ。哲学者の観念的遊戯か!」と思う人もいるかもしれません。しかし、それは浅薄な見方です。

これまで見てきたように、当時のドイツでは、ユダヤ人をめぐる陰謀論的世界観が多くの人にとっての常識でした。ドレフュス事件の時のフランスもそうです。人類の歴史には、後から考えると、とんでもない理不尽が常識に適った正しい判断や行為としてまかり通っていた、という例がいくつもあります。アイヒマンが従った〝法〟は最初から間違っていて、私たちが現に従っている「法」は絶対正しい、と何をもって言えるのか? 哲学的に掘り下げて考えると、私たち自身が拠って立つ、道徳的立場に関しても不安になってきます。普遍的道徳に従っているつもりで、とんでもないものに従っているのではないか。

先ほどお話ししたように、普遍的な法の正義の名の下にアイヒマンを裁くイスラエルの矛盾を見抜いていたアーレントにとって、それは単なる漠然とした可能性ではなく、リアルな問題でした。自分（たち）の理性に絶対的な信用を置けないからこそ、一見、白々しい言い訳に見えるアイヒマンの〝法への忠誠〟が気になり、迷うわけです。『エルサレムのアイヒマン』の随所に、アーレントの葛藤が見受けられます。

## 「神を信じる者」の最期

死刑執行まで見届けたアーレントは、アイヒマンの最期の様子も記録しています。

　彼は完全に冷静だった。いや、それどころか彼は完全にいつもと同じだった。彼の最後の言葉のグロテスクなまでの馬鹿らしさ以上にこのことを確信させてくれるものはない。彼はまず力をこめて自分がGottgläubigerであることを言明した。これは普通にナチスが使っていた言い方で、自分はクリスチャンではなく、死後の生を信じていないことを表明するものである。「もう少ししたら、皆さん、私たちは皆再会することになるでしょう。それはすべての人間の運命です。ドイツ万歳、アルゼンチン万歳、オーストリア万歳！　これらの国を私は忘れないだろう。」死を眼前にしても彼は弔辞に用いられる極《きま》り文句を持ち出したのだ。絞首台の下での彼の記憶は彼を最後のぺてんにかけたのだ。彼は〈昂揚〉しており、これが自分自身の葬式であることを忘れていたのである。

それはあたかもこの最後の数分間のあいだに、人間の邪悪さについてのこの長い授業がわれわれに与えてきた教訓――恐るべき、言葉に言いあらわすことも考えてみることもできない悪の陳腐さという教訓を要約しているかのようだった。

文中の〝Gottgläubiger〟は、文字通りには「神を信じる者」という意味ですが、ナチス時代には、「キリスト教（の神）を捨てたけれど、神への信仰は失っていない者」という意味合いで使われていました。キリスト教、特にカトリック教会に忠誠を尽くしていると見られることも、その逆に、いかなる信条にも囚われない「自由思想家」と見られることも、ナチスの官僚たちのキャリア形成にマイナスでした。そのため「神を信じる者」という便宜的な呼称が使用されるようになりました。しかしアイヒマンは単に便宜的に「神を信じる者」と自称したのではなく、そうした信条を一貫して抱いていたと称し、裁判に臨むに当たって聖書によって宣誓することを拒みました。キリスト教の神を捨て、新しい宗教としてのナチズムを本気で信奉し、今なお信奉し続けているのだとしたら、ナチスをあまり知らない人は、ものすごい悪魔的な教義のようなもの、そして、それを狂信する、恐るべき狂暴な人物を想像してしまいます。しかし、アイヒマンが最後の瞬間に示した神観は、驚くほど陳腐でした。というより、咄嗟《とっさ》に思い浮かんだ弔辞の決まり文句をそのまま口にしただけでした。あまりにも呆気ない。

## 予想を裏切るアイヒマン像

アーレントが見たアイヒマンは、自らが「法」と定めたヒトラーの意向に従っただけの、平凡な官僚でした。たまたま与えられた仕事を熱心にこなしていたにすぎず、そこには特筆すべき残忍さも、狂気も、ユダヤ人に対する滾《たぎ》るような憎しみもなかったのです。

その後の歴史学者も、多くはアーレントの考察に賛同し、アイヒマンをはじめとするホロコーストの実行者たちが、もし反ユダヤ主義的な情熱に駆られていたとしたら、絶滅収容所への移送や殺人をあれほどシステマティックかつ大量にこなすことは不可能だっただろうと指摘しています。

アイヒマンは沈着に裁判に臨み、被告人としての責務を淡々と果たしました。命を奪う職務と良心との狭間で強く葛藤したわけでも、葛藤がなかったことに疑問や後ろめたさを感じていたわけでもないアイヒマンの姿を、アーレントも淡々と記録しています。

アーレントによる裁判レポートは、死刑が執行された翌年の一九六三年二月から三月にかけて『ザ・ニューヨーカー』誌に連載[*7]されました。しかし初回の記事が掲載された直後から、彼女は大きな批判にさらされます。そこに描かれたアイヒマン像が、人々の予想を大きく裏切るものだったからでしょう。

極悪非道の素顔が暴かれ、どれほど酷い人間だったかが明らかになる——という大方の期待に反し、アイヒマンは「どこにでもいそうな市民」であり、「犯罪的な性格」を持っていたとは言い難いとアーレントは結論しました。そのことに落胆しただけでなく、読者のうちの多くが猛然とアーレントを批判した理由の一つは、怒りの矛先を失ったからでしょう。

人が他人を心置きなく糾弾できるのは、自分（あるいは自分たち）は「善」であり、彼（もしくは彼ら）は「悪」だという二項対立の構図がはっきりしている場合に限られます。相手に悪を見出せなければ、攻撃する理由がないばかりか、問題の矛先が自分自身に向けられることにもなります。悪が自分たちと同じ「どこにでもいそうな市民」だとしたら、自分もアイヒマンのような人間になる可能性がある、ということだからで

アドルフ・アイヒマン（写真提供／ユニフォトプレス）

す。

日本の犯罪報道やスキャンダル報道においても、事件が起こると、容疑者の生い立ちや「素顔」を詳しく報道し、その人がいかに歪んでいたかということにスポットを当てようとします。報道する側も、それを受け取る側も、自分たちと悪との圧倒的な「違い」を探しているのです。

アイヒマンに悪魔のレッテルを貼り、自分たちの存在や立場を正当化しようとした（あるいは自分たちの善良性を証明しようとした）人々の心理は、実はナチスがユダヤ人に「世界征服を企む悪」のレッテルを貼って排除しようとしたのと、基本は同じです。

アイヒマン裁判で問題になったより広汎な論点のなかで最大のものは、悪を行う意図が犯罪の遂行には必要であるという、近代法体系の共通の前提だった。おそらくこの主観的要因を顧慮するということ以上に文明国の法律が自らの誇りとするものはないだろう。

悪は平凡なものではなく「悪を行う意図」を持った非凡なものであるという思い込み、期待、あるいは偏見。近代の法体系すら、それを前提としているとアーレントは指摘します。

## アイヒマンの罪とは何だったのか

アイヒマンがいかに陳腐で、どこにでもいそうな人間だったとしても、彼を死刑にすること自体にはアーレントも反対していません。ただ、彼を死刑に処すべき理由は、彼に悪を行う意図があったかどうか、彼が悪魔的な人間だったかどうかということとは関係なく、人類の「複数性」を抹殺することに加担したからだと主張しています。

或る〈人種〉を地球上から永遠に抹殺することを公然の目的とする企てにまきこまれ、そのなかで中心的な役割を演じたから、彼は抹殺されねばならなかったのである。

人間は、自分とは異なる考え方や意見をもつ他者との関係のなかで、初めて人間らしさや複眼的な視座を保つことができるとアーレントは考えていました。多様性と言ってもいいでしょう。アイヒマンが加担したユダヤ人抹殺という「企て」は、人類の多様性を否定するものであり、そうした行為や計画は決して許容できないというわけです。アーレントはこうした立場から、アイヒマン裁判において、判事は次のように被告に呼びかけるべきであった、と『エルサレムのアイヒマン』のエピローグを締め括っています。

「君は戦争中ユダヤ民族に対して行われた犯罪が史上最大の罪であることを認め、そのなかで君が演じた役割を認めた。しかし君は、自分は決して賤しい動機から行動したのではない、誰かを殺したくなったこともなかったし、ユダヤ人を憎んだこともなかった、けれどもそうするよりほかはなかったし、自分に罪があるとは感じていないと言った。われわれはそれを信じることはまったく不可能ではないまでも困難だと思う。(中略) 君が大量虐殺組織の従順な道具となったのはひとえに君の不運のためだったと仮定してみよう。その場合にもなお、君が大量虐殺の政策を実行し、それ故に積極的に支持したという事実は変わらない。というのは、政治は子供の遊び場ではないからだ。政治においては服従と支持は同じだ。そしてまさに、ユダヤ民族および他の多くの国の人民たちとともにこの地球上に生きることを拒む――あたかも君と君の上官がこの世界に誰が住み誰が住むべきではないかを決定する権利を持っているかのように――政治を君が支持し実行したからこそ、何人からも、すなわち人類に属する何人からも、君とともにこの地球上に生きたいと願うことは期待できないとわれわれは思う。これが君が絞首されねばならぬ理由、しかもその唯一の理由である。」

アイヒマンがヒトラーという「法」に服従しただけだったとしても、「政治においては服従と支持は同じ」であり、特定の民族や国民との共存を拒み、人類の複数性を抹殺しようとしたヒトラーを支持し、計画を実行した人間とは、もはや地球上で一緒に生きていくことはできない。それが彼を絞首刑に処す「唯一の理由」であり、それ以上のこと（彼の内面的なことなど）は追及できない――。

アイヒマンを「ホロコーストという悪」の象徴と考えていた人々にとって、確かにこれは承服しがたい結文だったでしょう。しかし、アーレントに向けられた轟々たる非難の理由は、それだけではありませんでした。『エルサレムのアイヒマン』のなかでアーレントは、イスラエル政府と法廷について、かなり批判的な意見[8]を述べています。また、中欧や東欧におけるユダヤ人移送に、同胞であるユダヤ人評議会[9]が協力していたことにも言及しました。移送に関与したユダヤ人が、移送されるのは自分たちとは違う種類のユダヤ人と見なして（蔑んで）いたことも指摘しています。

こうした言説がユダヤ人社会の反発を招くことは、アーレントも分かっていたはずです。しかし、ユダヤ人社会や大戦後に建国されたイスラエルを覆っていた「ユダヤ人は誰も悪くない」「悪いのはすべてドイツ人だ」というナショナリズム的思潮に目をつぶるという選択肢は、彼女にはありませんでした。そのような極端な同胞愛や排外主義は、ナチスの反ユダヤ主義と同じ構造だからです。

「ナチスが犯した罪を軽視し、アイヒマンを擁護している」「ナチス犯罪の共同責任を、ユダヤ人に負わせるつもりか」と、イスラエルやニューヨークのユダヤ人社会から激しく非難され、アーレントは多くの友人を失いました。古くからの親しい友人たちから突きつけられた絶縁は、相当にこたえたようです。

しかし、そうなる可能性も引き受けた上で、彼女はありのままを、歪めることなく伝える決断をした。それを支えたのは、アーレントの強い危機意識と知的誠実さだったように思います。

### 「ミルグラム実験」が示したもの

アイヒマン裁判の後、アメリカで、ある実験が行われました。閉鎖的な環境において、その場の権威者の命令に従う人間の心理――どこまで残虐になれるかということ――を調べた「ミルグラム実験[*10]」です。

被験者には、体罰が学習に与える効果を調べる実験だと伝えられました。被験者は先生役として、生徒役（実は役者）が間違えるたびに電気ショックを与えるよう指示されます（生徒役は電気ショックを受けたかのように演じているだけで、実際にはショックを受けていません）。実験室には白衣の男性が「権威者」然として同席し、どんなに生徒役が苦しんでいても、実験を続行するよう指示します。すると六二・五％の人が「指示通り」に電圧を最大レベルまで上げ、何人かの被験者は、生徒役がもはや声を発していない（ひょっとすると死んでいるかもしれないという状況）にもかかわらず、電気ショックを与え続けたのです。

この実験で分かったことは、ごく普通の人も、一定の条件下では権威者の命令に服従し、善悪の自己判断を超えて、かなり残虐なことをやってのけるということです。これを看守と囚人との関係に置き換えた「スタンフォード監獄実験[*11]」では、看守役の被験者がエスカレートして緊迫した状況に陥り、実験を中断せざるを得なくなりました。二〇〇九年には、フランスのジャーナリストが、ミルグラム実験とほぼ同じ内容のものを、記憶と学習に関する科学の実験室からテレビのクイズ番組という設定に置き換えて実行しました。「テレビの権威」を確かめるためのこの実験[*12]では、ミルグラム実験を大幅に上回る八一％もの人が最後まで電気ショックを与え続けました。

これらの実験結果を踏まえれば、アーレントがアイヒマンに見た服従の姿勢は、決して彼特有のものではなく、誰にでも認められる、まさに陳腐なものだった、と言うことができるでしょう。『エルサレムのアイヒマン』でアーレントが最も強く伝えたかったのも、おそらくそこだと思います。条件が整えば、誰でもアイヒマンになり得るということです。

そうならないための具体的な処方箋は示されていませんが、「複数性に耐える」ことが、その鍵になると考えていたのは間違いないでしょう。「複数性に耐える」とは、簡単にいうと、物事を他者の視点で見るということです。

自分が考えていることや信じ込んでいることが間違っていた場合、それを自分一人で考えて正すことは、かなり困難です。複数の人と共に考えたとしても、同じ意見や考え方の人ばかりが集まっている場では、結局同じものしか見ていないものです。物事を他者の視点で見るという場合の「他者」は、異なる意見や考え方をもっていることが前提となります。

アーレントが複数性にこだわっていたのは、それが全体主義の急所だからです。複数性が担保されている状況では、全体主義はうまく機能しません。だからこそ、全体主義は絶対的な「悪」を設定することで複数性を破壊し、人間から「考える」という営みを奪うのです。

ナチスがユダヤ人を抹殺しようとしたように、あるいはユダヤ社会がアイヒマンを糾弾しようとしたように、絶対悪を想定して複数性を破壊するような事象は私たちの身近にもあふれています。会議の場で自分と異なる意見の人を攻撃したり、都合の悪い意見を排除（あるいは無視）しようとしたりすることは、よくあることです。それが複数性を阻害する「悪」だと考えると、「悪」のない人間はいないといっても過言ではないでしょう。むしろ正義感の強い人、何かに強いこだわりをもって、それに忠実であろうとする人ほど実際は悪の固まり、ともいえます。

考えるという営みを失った状態を、アーレントは「無思想性」と表現し、アイヒマンは完全な無思想性に陥っていたと指摘しています。

彼は愚かではなかった。全くの無思想性――これは愚かさとは決して同じではない――、それゆえ彼はあの時代の最大の犯罪者の一人になるべくしてなったのだ。

アーレントのいう無思想性の「思想」とは、そもそも人間とは何か、何のために生きているのか、というような人間の存在そのものに関わる、いわば哲学的思考です。それは、異なる視点をもつ存在を経験し、物事を複眼的に見ることで初めて可能になるとアーレントは考えていました。そこに他者の存在、複数の目がなければ、自分では考えているつもりでも、数学の問題を解くように処理しているにすぎないと指摘しています。

彼女が本書で「悪」としているものも、善の対極というより、哲学的に思考することをやめた人が陥るものとしてイメージされています。そういう意味でいうと、私たちが普段「考えている」と思っていることのほとんどは「思想」ではなく、機械的処理。無思想性に陥っているのは、アイヒマンだけではないのです。

> 自分の昇進におそろしく熱心だったことのほかに彼には何の動機もなかった。そうしてこの熱心さはそれ自体としては決して犯罪的なものではなかった。勿論彼は自分がその後釜になるために上役を暗殺することなどは決してしなかったろう。言い古された表現を使うなら、彼は自分が何をしているのか分かっていなかっただけなのだ。

そもそも人間は、自分がしていることの意味をあまり深くは考えていないものです。例えば出世に執心している人が「そもそも自分は、なぜ出世しようとしているのか」と思い悩んだりはしないように、例えば政府が財政を立て直すために福祉予算を削ろうというとき、哲学的思考をめぐらしてその帰結を検証してはいないように、アイヒマンも「最終解決」における自分の任務を遂行しているとき、人が人を殺《あや》めるとはどういうことなのか「分かっていなかった」のです。

## 「分かりやすさ」という陥穽

『エルサレムのアイヒマン』は大きな波紋を呼び、多くの大切な友人を失いもしましたが、アーレントは一九七五年十二月にニューヨークの自宅で急逝するまで筆を執りつづけました。絶筆となった『精神の生活』でも、人間が「思考」することの意味や人間の「意志」について考察しています。

アーレントはアイヒマンを、非道な事業に巻き込まれてしまった平凡な市民だと同情しているわけでも、彼は悪くないと言っているわけでもありません。『エルサレムのアイヒマン』でアーレントが明らかにしたのは、アイヒマンのような人物を、悪の権化、悪魔のような人間として、その人格を問題にするような形で責任を追及しようとすれば、論理的に破綻してしまうということです。

本書の最大の功績は、アイヒマンが陳腐だということを指摘することで、それまで人間が「当たり前」としてきたことに一石を投じ、思考するきっかけを作ったことでしょう。この本が世に出ていなければ、ミルグラムの実験も、人々が悪の特徴について深く考察することもなかったと思います。

私たちは日々、いろいろなことを考えています。しかし、本当に「考える」ことができているでしょうか。実は既成観念の堂々めぐりを「無思想に」処理しているだけではないでしょうか。

例えば、インターネット上には、様々な意見や主張が飛び交っているように見えます。検索すれば「多様な意見や考え方に触れることができる」と思うかもしれませんが、実際には自分と同じような意見、自分が安心できる意見ばかりを取り出して、「やはり」「みんな」そう考えているのだ、と安心して終わっていることが多いのではないでしょうか。

なぜそういうことになるかというと、一つには、そもそも異なる意見、複数の意見を受け止めるというのは、実際は非常に難しいことだからです。職場や学校で議論していても、基本的に人は自分が聞きたい話を聞いているだけで、他人の話を聞いているわけではありません。異論や反論に耐えるということに慣れていないため、聞かないことで自己防御しているのです。

自分と同じような意見を求めてしまうもう一つの原因は、それが「分かりやすい」ということです。深く考えなくても、分かった気になって安心できるからです。『全体主義の起原』第三巻が指摘していたように、これはまさに全体主義的世界観を支持した「大衆」の心理にほかなりません。

アーレントは、分かりやすい政治思想や、分かったつもりにさせる政治思想を拒絶し、根気強く討議しつづけることの重要性を説いた政治哲学者だと思います。「分かりやすさ」に慣れてしまうと、思考が鈍化し、複雑な現実を複雑なまま捉えることができなくなります。思考停止したままの政治的同調は、全体主義につながる——そのように警鐘を鳴らしつづけたのです。

アイヒマンにならないための手軽な方法も、全体主義の再来を防ぐ「分かりやすい」処方策も、残念ながらありません。ただ、閉塞的な現状を打破するような妙案があるように思われたとき、少なくともそれが唯一の正解ではないこと、まったく異なる案や物語も成立し得るということを認めることができれば、全体主義化の図式に完全に取り込まれることはないでしょう。

アーレントのメッセージは、いかなる状況においても「複数性」に耐え、「分かりやすさ」の罠にはまってはならない——ということであり、私たちにできるのは、この「分かりにくい」メッセージを反芻しつづけることだと思います。

**＊1　ニュルンベルクの国際軍事法廷**　一九四五年十一月〜四六年十月にニュルンベルクで開かれた、ナチス・ドイツの指導者二十二名の戦争犯罪を裁く国際軍事法廷。平和や人道に対する罪が問われ、十二名が絞首刑に処された。

**＊2　エルサレムの法廷で裁判**　一九六一年四月から四か月間の裁判が開かれ、同年十二月に死刑判決、翌六二年六月に絞首刑執行。アイヒマンの「人道に対する罪」「ユダヤ人に対する犯罪」など十五の罪を裁いた。百十二人が証言し、二百七十五時間もの予備訊問とその調書、千六百点の文書などにもとづいて判決が下された。ラジオ・テレビ中継を通じて、ナチスが

ユダヤ人に何をしたのかを人々が知る機会にもなった。

**＊3 SS長官**　SSとゲシュタポを統率したハインリヒ・ヒムラー（一九〇〇～四五）のこと。ヒトラーの側近でユダヤ人の強制移住政策・絶滅政策部門の最高責任者だった。ドイツ降伏直前に姿を隠すがイギリス軍に拘束され、服毒自殺した。

**＊4 「最終解決」の責任者の一人**　一九四二年一月、ベルリン郊外のヴァンゼーでユダヤ人絶滅を内容とする「ユダヤ人問題の最終解決」が正式決定された。会議にはアイヒマンも出席していた。

**＊5 中東戦争**　第一次大戦後、パレスティナ地域はオスマン帝国の支配が終わり、英国の委任統治領となって以降、ユダヤ人の移民が増加し、同地に住むアラブ人との間に緊張が生じていた。ナチス政権の迫害を逃れたユダヤ人が同地に移住してきて、ユダヤ人口が激増すると、民族間の対立は更にエスカレートした。一九四八年五月にイスラエルが建国宣言すると、エジプト、サウジアラビア、イラクなどアラブ諸国がパレスティナに侵攻して、第一次中東戦争（パレスティナ戦争）になった。この戦争はイスラエルが勝利し、イスラエルの存在が既成事実化した。一九五六年には、スエズ運河の帰属をめぐってエジプトと英仏が対立するなか、イスラエルがエジプトに侵攻して、第二次中東戦争（スエズ戦争）が起こった。

**＊6 ソクラテス裁判**　三十人の寡頭政権による恐怖政治が行われていたアテネで、ソクラテスが新しい神々を導入したことや若者を堕落させたとして告発された裁判。裁判の時のソクラテ

スの弁明と、死刑判決を受け容れる理由を友人たちに語る様子が、プラトンによって記述されている（『ソクラテスの弁明』）。

＊7 **『ザ・ニューヨーカー』誌に連載** 当時は週刊だったので一九六三年二〜三月に五回にわたって連載された。同タイトルの単行本は同年五月に刊行。

＊8 **イスラエル政府と法廷に……批判的な意見** たとえば「第一章 法廷」で、アーレントはヘブライ語で行われた審理のドイツ語同時通訳について「まったく滑稽な、しばしば意味がわからないこともある代物」と言及したり、「イスラエルの英雄精神とユダヤ人の屈従的な無気力さ」の対照を裁判のなかで明らかにしようとする態度を「芝居」「見せ物」などと表現した。

＊9 **ユダヤ人移送に、同胞であるユダヤ人評議会が協力** 「ユダヤ人は抵抗し得たか、あるいは抵抗すべきであったかというイスラエルの検察側が提起した問題」の延長として、『エルサレムのアイヒマン』が出版すらされないうちからさまざまな議論が起こったことに、アーレントは「あとがき」で言及している。「ユダヤ人はみずからを虐殺したと主張している」といった類の、〈イメージ〉だけで論じる評者もおり、そうした論争は「問題の解明にはあまり役に立っていない」として退けた。

＊10 **ミルグラム実験** アイヒマン裁判の翌一九六二年、アメリカのイェール大学の心理学者スタンレー・ミルグラム（一九三三〜八四）がアイヒマンらナチス戦犯の心理に興味をもって試した実験。アイヒマン実験ともいう。ドイツ人は特殊だと考えていたアメリカ人にも同じ傾

向が認められたという。

＊11 **スタンフォード監獄実験** 一九七一年、アメリカのスタンフォード大学の心理学者フィリップ・ジンバルドー（一九三三～）が行った実験。一般人二十一人を看守役十一人と囚人役十人に分け、刑務所に似せた施設で生活させる。被験者は役割に合わせて行動しはじめるが、度を超して暴力が行われるようになったため、二週間の予定が六日間で中止された。

＊12 **フランスでのテレビ実験** 一九八〇年代から西欧諸国で一般人のプライベートを暴露するリアリティ・ショー的な番組が増え始め、二十一世紀に入ってから、特定の出演者に精神的ダメージや暴力を与えるシーンを売りにする番組が登場したことに危機感を覚えたフランス人のジャーナリストが、心理学者、コミュニケーション学者、プロのテレビ演出家の協力を得て企画した実験。新しいクイズ番組のための試作という設定で参加者を募集した。テレビの権威を代表する番組司会者の指示に、被験者がどれだけ逆らえるか、観客がどのような影響を与えるかがポイント。この実験のドキュメンタリーは、公共放送フランス２で放映され、その記録は『死のテレビ実験』というタイトルで刊行された。

# 終章 「人間」であるために

## アーレントはどうして批判されたのか

第4章でもお話ししたように、『エルサレムのアイヒマン』を書いたことでアーレントは激しく非難されました。何故批判されたのか、改めて考えみましょう。大きく分けて三つの理由が考えられます。一つは、アイヒマン裁判を通して自分たち（ユダヤ人）をホロコーストの犠牲者として世界に印象付けるとともに、イスラエルという国家の存在の正当性を訴えようとしていたのに、アーレントによって台無しにされたと思った人たちの怒り。第二に、敵と味方をはっきり分け、敵を徹底的に批判しないと何の議論か分からなくなると思っている人たちの苛立ち。第三に、万人に普遍的な人間愛が本来備わっているはずで、ナチスのような存在は例外中の例外であると信じたい人たちの苛立ち。

第一の理由は、その当時のイスラエルやユダヤ人の置かれている立場を考えれば、当然のことかもしれませんが、自分の目で見たアイヒマンの真実を伝えようとしたアーレントの議論を具体的な事実関係についてピンポイントで批判するならともかく、その姿勢を問題にして全否定してしまったら、自分たちも部分的にナチスと似たようなことをやっていると認めるようなものでしょう。第二の理由についても、「敵／味方」の二分法に拘るのは、まさにナチスやカール・シュミットと同じ発想だと言えるでしょう。反ドレフュス活動を続けたアクシオン・フランセーズも、ドイツの惨状はユダヤ人のせいだと宣伝したナチスも、自分たちなりの正義感で世界を二分したのかもしれません。

この点に関連して一言言っておきたいことがあります。二〇一三年に映画『ハンナ・アーレント』が公開され、日本でもプチ・アーレント・ブームになった時、アイヒマン裁判に関して、周りの人たちからいくら責められても、自分の信じることを語り続けたアーレントの姿勢を英雄視し、感情移入する声が多く聞かれました。その時あまりに簡単にアーレントに共感する人が多いのを見て、正直言って、これでいいのかなと思ってしまいました。

映画を見てアーレントに共感する人たちは恐らく、自分を反権力・反時流の理性的な人間だと思っているのでしょうが、第二次大戦の終戦からまだ十八年しか経っていなかった当時、西欧の知識人、良心的な市民は、ホロコーストの犠牲者であるユダヤ人に同情し、彼らの苦難を相対化するような言論は許されるべきではないと思っていたはずです。そういう心情を抱いている人たちから見れば、たとえ本人がユダヤ人でも、アイヒマンを擁護するかのような発言は許されるものではなかったでしょう。

そう考えてみると、アーレントが本格的にナチスの暴力に晒されずにすんだことも気にかかってきます。実際、アーレントはナチスの本格的な迫害を受けてないので冷静そうなことを言えるのだ、と〝批判〟する人は今でもいます。

もし現代日本で同じようなこと、つまり、味方だと思っていた〝良心的知識人〟が、差別主義者とか国粋主義者、タカ派論客などを擁護するかのように見える発言をしたら、それに対する非難の大合唱に自分も条件反射的に加わってしまうかもしれない。そういう意識が働いて、アーレントを単純に英雄視することを躊躇しないような人は、アーレントを全否定した人たちと同じ過ちを犯してしまうかもしれません。背景になった事情を考えずに、単に世の中の風潮に歯向かったのでかっこいい、ということでアーレントを正義の人だと思って共感する人は、違った状況であれば、自分にとってもう少し身近な問題であれば、「陳腐さに宿る悪」について冷静に分析しようとするアーレントを、「未曽有の犯罪を相対化する行為だ！」と非難する側に回ってしまうかもしれません。二項対立思考はダメだと言っている人自身が、二項対立思考しているというのはよくあることです。それを踏まえたうえで、アーレントの問題提起を受け止めるのでなければ無意味です。というより、危険でさえあります。

このことは第三点とも関係しています。私たちは普遍的人類愛を信じているつもりで、いつのまにか、「敵」を想定し、排除しがちです。「人を人とも思わないこんな輩さえいなければ……」。他者に対して共感したり、価値観の違いを許容したりする私たちのキャパシティは自分で思っているよりもかなり小さいかもしれません。ほとんどの人はそれを本当は分かっているのかもしれません。だからこそ、人間の普遍的本性やヒューマニズムの脆弱さを容赦なく指摘するアーレントに苛立ちを覚える。

ただ、いかに哲学者アーレントの「人間」観に反発しても、ミルグラム実験やフランスのテレビ実験で証明された事実を覆すことはできません。ナチズムのような特殊なイデオロギーを信奉しているわけではない「普通の（西欧）人」の大半が、権威が命じるままに、（同じ人間である）他人に対して、死をもたらすかもしれない強い苦痛を加え続けました。条件さえそろえば、〝良心の働き〟は麻痺してしまうのです。

## 「人間」とは何か

全ての人間は生まれながらにして普遍的な理性や人類愛を具えていて、互いに理解し、いざという時には助け合うことができる。西欧近代はそうしたヒューマニズム的な前提に依拠してきました。しかしその前提は正しいのか、そういう普遍的人間性のようなものがある、と思い込んできただけではないのか。ナチス・ドイツやソ連で――それぞれ異なったメカニズムによりますが――何百万人もの大量虐殺を引き起こした全体主義という現象、アイヒマンの官僚的な陳腐さに宿る悪を見ていると、そう思えてきます。第4章で見たように、アイヒマンは、万人の有する道徳的理性によって「法」を基礎付けようとしたカントの定言命法のパロディーのように見えます。

西欧哲学には、カント的な普遍的理性という点から「人間」を理解しようとする思考の系譜と並んで、むしろ「人間性」というのは歴史的・文化的なプロセスの中で形成されてくるものだという考え方もあります。アーレントは両方を視野に入れて議論をしています。しかも、歴史的、思想史的、文学的な材料を豊富に取り入れて複雑な「人間」論を展開するのですが、『全体主義の起原』の七年後、『エルサレムのアイヒマン』の五年前に刊行された、彼女の主著『人間の条件』では、後者の「人間」観の系譜に基づいた議論が展開されています。この著作では、「人間」は、特に言語の面での知的訓練を通じて教養を獲得することで、一個の人格として自律し、理性的に思考することができるようになる存在として描き出されています。

この著作でアーレントは、「人間」であるための三つの条件として、①労働（labor）②仕事（work）③活動（action）を挙げ、それらの起原を歴史的に考察しました。アーレントの言う「労働」は、工場での作業のようなものではなく、ヒトの肉体が生命として生きていくために必要なものを獲得する営みです。他の動物の営みと決定的に異なるわけではありません。「仕事」というのは、自然の過程には属さない、家具や機械、また芸術作品のような「人工物」を作り出す営みです。そうした人工物を介して、ヒトとヒトは動物の間には見られない、人間固有の関係性を構築することができます。例えば、テーブルがあることで、そこで間を置きながら一緒に席につく、という具合に。「活動」は、物理的な力ではなく、言語や演技によって他の人の精神に働きかけ、説得しようとする営みです――英語の〈action〉には「演技」という意味もあります。

この内、「活動」が最も重要で、まさにヒトを「人間」らしくする条件です。動物は、言葉によって同類を説得しようとしません。演技のようなことはしますが、それは生きるために必要な情報の伝達であって、「花が美しい」とか「彼の仕事はすごい」といった意見や、自分なりの見方を表明し合っているわけではありません。

自分の「意見」を他者に向かって表明するという行為は、相手は違った意見を持っているかもしれない、違う見方をしているかもしれないことを前提にしています。みんなの「意見」が同じだったら、「自分の意見」をわざわざ表明する意味はありません。そして、実際に「意見」を表明し合い、他人のものの見方を知ると、自分の「意見」も変化していくかもしれません。様々な「活動」を通して、私たちのものの見方が多元化していくこと、それが第3、4章でお話しした「複数性」です。「複数性」が確保され、増殖していくには、ヒトとヒトを結びつける「間 in-between」の空間が必要です。「間」というのは、言葉によって相互に関係し合っていると同時に、物理的な距離があるということです。暴力とか脅迫、身体的・情動的影響によって、相手を強引に動かすのでない以上、ちゃんと距離（間）を置くことが必要です。偶然ですが、ヒトとヒトの「間」を繋ぐものが「人間」である、という日本語の慣用的言い回しと、同じような発想ですね。

## 「無思想性」の本質

全体主義支配というのは、陰謀論的プロパガンダによって、人々の「世界」に対する見方を次第に均質化し、それによって「複数性」を衰退させるとともに、秘密警察などの取り締まりと威嚇によって、「活動」のための「間の空間」も消滅させてしまう政治体制だと言えるでしょう。全体主義的な空間では、言葉は、ものの見方を多元化するためではなく、均一化するための媒体になります。オーウェルの『一九八四年』に出てくる人工言語、ニュースピーク(Newspeak)はまさにそんな感じですね。余計なこと、つまり体制の世界観に合わないことは考えさせない言葉です。

そういう「複数性」や「間」がない〝空間〟に生きていると、「法」や「道徳」に対する見方も均質化していく可能性が高いでしょう。近代市民社会あるいは近代国家は、(普遍的道徳に根ざした)「法の支配」を前提に成り立っています。しかし、「法」の本質が何か、「法」の基礎にある道徳法則とは何かについて、人々は多様な意見を持っています。

その都度民主主義的手続きに従って決めたこと、法令になったことについては守ってもらわなくてはいけないが、「法」や「道徳」の本質についてはいくら議論してもいい、というより議論してもらわないと困る。そう考えるのが、自由民主主義です。しかし、全体主義の下では、ヒトラーの意思とか共産党の決定が、〝法〟だと決まったら、それ以上、議論することが許されない。それ以外の「法」の在り方について、自分の頭で考えることは許されない。

アーレントがアイヒマンの「無思想性」と言っているのは、「複数性」が消滅しかかっている空間に生きているがゆえに、「法」や「道徳」など、人間の活動的生活にとって重要なものについて、別の可能性を考えることができなくなっている状態を指すのだと解釈できます。社会の支配的なものの見方と自分のそれが完全に一致している（と思い込んでしまう）時、ヒトは本当の意味で、「考える」ことができなくなります。

ちなみにミルグラム実験やフランスのテレビ実験でも、その場を支配している権威者に対抗する別の権威者がいて、その人が対立する意見を述べたり、同じ立場の被験者（のふりをしているサクラ）が一緒に命令に抵抗したりしてくれると、服従率がかなり下がるということが分かっています。「複数性」が存在する空間であると認識することが転換点になるのかもしれません。

## わたしたちに「活動」は可能か

ただ、『人間の条件』でアーレントが言うような「活動」を中心とした「人間」観は、古代ギリシアのポリス、特にソクラテスやプラトン、アリストテレスが活動したアテナイにおける「公的領域 public realm／私的領域 private realm」の分離を前提に展開されています。

「公的領域」というのは、人々のあらゆる意見、ものの見方が隠されることなく、公（パブリック）になる領域です。「政治」の領域とほぼイコールです。政治の場での民主的討論を通して市民たちは「活動」のための技法を高め、複数性と共に生きるようになりました。それに対して、「家」を中心とする「私的領域」は、「労働」や「仕事」によって、ヒトの生物としてのニーズが充足されます。その「労働」や「仕事」を担うのは、家長である市民自身ではなく、奴隷や他の家族です。奴隷や他の家族は、市民と対等で自由な存在ではなく、力によって支配されている存在です。

「私的領域」で、生活の上で必要なニーズや経済的問題が処理されており、それが表に出てこない（＝公にならない）おかげで、「市民」たちは、いろいろなしがらみに煩わされることなく、自由に討論できます――英語の〈private〉には、「親密な」という意味の他に、「秘密の」とか「公にならない」という意味合いもあります。人間の動物的な側面を「私的領域」の闇の中に留めておくことで、「公的領域」において自分の意見やものの見方のすぐれていること、卓越性を示すべく、多様な演技＝活動をすることが可能になるわけです。

古代のポリスでは、他人の「労働」や「仕事」のおかげで、自由に「活動」できる市民たちが存在できたわけですが、近代社会ではそうはいきません。ほぼ全てのヒトが労働や仕事に従事して、生活の糧を得ています。個々の「家」ではなく、社会全体に関わりを持つ「経済」の動向に左右されることなく生きられる人はいません――「経済」という意味の英語〈economics〉の語源になったギリシア語〈oikonomia〉の原義は、家政術、家を運営する術ということです。

「経済」が〝政治〟の主要なテーマになったことで、もはや古代のポリスのように、利害関係抜きの討論をすることはできません――アーレントも現実のポリスの政治では、利害関係によって議論が左右されていたということは十分承知していたでしょうが、これは古代と近代を対比するための理念的な抽象化ですので、そこは我慢しておつきあい下さい。

利害が関わると、どうしても自分に有利になるように物事を見ようとしますので、多様な意見を持つことは難しくなります。しかも、経済の発展と社会構造の変化によって、私たちの生きる社会は、第3章で見たような、大衆社会化の度合いを深めています。自分の意見など持って何になるのだ、それを公表しても何の得にもならない、面倒くさいだけで疲れる、誰か賢い人に生活が楽になる政策とか、幸福な生き方の秘訣とかを示してもらいたい……多くの人が、だんだんそういう風になっていきます。自分や身内の利害、党派性を超えた、公共の場で討論それ自体に喜びを見出す人もごく少数いるでしょうが、そういう人が多数派になり、「政治」の在り方を根本から変えるということはどうもなさそうです。

(アーレントのイメージする)ポリスの市民たちと違って、現代の大衆社会に生きる私たちには、「公衆 the public」の前で優れた討論をすべく、自分の言葉を磨く時間も余裕もさほどありません。単に人前でしゃべるとか、ツイッターで発信するといった程度のことなら難しくありませんが、他者たちの視点から、自分のものの見方、考え方を批判的に問い直し、他者に伝わる表現を見つけるというのは結構大変なことです。アーレントの「活動」論をフォローしていると、どうも「活動」というのは知的エリートの能力ではないのか、討論に向けて自分を磨く時間も金もない一般人はどうしたらいいのか、という気になってきます。

### 「人間」を支える「教養」

実際、そうかもしれません。アーレントの議論が、というより、「人間」という概念自体が、もともとは知的エリートのためのものでした。英語の〈humanity〉の語源になったラテン語の〈humanitas（フマニタス）〉は、「市民（人間）として身につけておくべき知的たしなみ」というような意味合いでした。古代ローマの哲学者で弁論家として有名なキケロは、「活動的生活」を送るのに必要な能力、弁論家としての能力として「フマニタス」を捉えています。つまり、「人間性」の中心は、言語や演技を駆使して他者を説得する能力だったわけです。

古代末期から中世にかけて、「フマニタス」を身につけるのに必要な七つの科目が特定されるようになりました。言語に関わる文法学・修辞学・論理学の三学と、数学に近い算術・幾何・天文学・音楽の四科です。これらを「自由七科（septem artes liberales）」と言います。英語だと〈seven liberal arts〉。「自由人＝市民＝人間」として必要な科目ということです。大学の教養科目のことを「リベラル・アーツ」というのはここから来ています。「教養科目」とは元々、ギリシア・ローマ的な意味での「人間」になるための科目だったわけです。

また、ルネサンス時代に〈humanist（ヒューマニスト）〉、イタリア語で〈umanista〉と呼ばれていたのは、古代の〈humanitas〉に関係するテクストを研究する人、もしくはそれを同時代の文化や政治に活かそうとした人たちです。「ルネサンス」のことを「文芸復興」とも言うのはそこから来ています。『君主論』によって近代の政治思想の原点を築いたとされるマキャベリ[*1]はこの意味で「ヒューマニスト（人文主義者）」です。次いで言うと、「人文系」の科目のことを英語で〈humanities〉というのは、ここから来ています。西欧の学問、特に人文系の科目のルーツは「フマニタス」にあるわけです。

こうした古代の「フマニタス」に由来する古典的な知の体系を母体として、近代のヒューマニズム、普遍的な人間理性や人類愛を前提とするヒューマニズムが生まれてきたわけですが、後者のヒューマニズムは、「教養」、つまり言語を中心とした活動のための能力を鍛えなくても、人は分かり合える、共感し合えるという発想になりがちです。世の中にはさまざまな事情から十分に教育を受けることができない人もいるので、そうした平等主義的・非エリート主義的な考え方の方が受け入れやすいでしょう。みんなが生まれもっている人間共通の素質において平等と考える方が、〝人間的〟に思えます。

しかし、言語を介して他者の意見を知り、自らの世界観を多元化する努力を疎かにしてしまうと――つまり、そんなに考えなくてもいい、教養なんてなくったっていい、難しい問題について議論しなくたっていい、人間として生まれただけですばらしい、というような態度を取っていると――全体主義の単純化された世界観に感染しやすくなります。

無論、文系の知的エリートであれば全体主義に陥らない、と言いたいわけではありません。職業的な知的エリートもまた、学界や職場での立場、出版・ジャーナリズムとの関係とか、いろんなしがらみにとらわれていますし、自分の研究テーマ以外のことにはかえって無関心になる傾向もあります。知的エリートも、本書の第3章で確認した意味での「大衆」です。アーレントが理想的な形で描き出した、古代の都市国家の市民のような生き方をしている人は、現代社会ではほぼ皆無でしょう。

近代市民革命によって獲得された「自由」とは何かについて論じた『革命について』[*2]（一九六三年）でアーレントは、理性的思考や討論を軽視し、文明化されていない「野生人」の〝自然な〟共感能力を神聖視して、それを政治の原理にしようとすることの危険性に警鐘を鳴らしています。アーレントは、言葉ではなく、共感や同情、動物的な素朴さのようなもの、生き生きとしたものを〝人間性〟の共通基盤と見なし、それによって人々を連帯させようとする政治手法は、かえって、「自由」の空間を掘り崩してしまうと考えます。「自由」の空間は、活動する人たちが交換する言葉、知的に練り上げられた言葉によって構築される空間です。

しかし、言葉に媒介される「自由」の空間、「間」の空間は、私たちの生活が経済のメカニズムに巻き込まれ、生活のリズムがITを中心とする各種テクノロジーによって均一化されていくにつれ、次第に衰退していきます。私たちには、本当の意味で、言葉を交換する機会、活動する機会が少なくなっていきます。「活動」が「労働」によって飲み込まれつつある。アーレントは、歴史の趨勢に関してはかなり悲観的です。私はそう見ています。

## 「白熱教室」の可能性

既にお話ししたように、現代における全体主義の可能性を絶対に封じることのできるようなうまい手はありません。この人の言うように、あるいはこのマニュアルの通りにすれば、全体主義に陥ることは絶対ない、というようなものがあると主張するのは、全くもって転倒した話です。アーレントも当然、そんなうまい対策は示していません。

ただ、各人が全体主義的なメンタリティに完全にはまってしまわないように、工夫する手立てはいろいろあると思います。いちばん分かりやすいのは、ミルグラム実験やフランスのテレビ実験のようなものの研究を心理学者やコミュニケーション学者に進めてもらって、その成果を共有していくということでしょう。ヒトは、どういう時に権威に服従しやすくなり、どういう状況であれば権威に異議を申し立てやすくなるかを一人ひとりの個人が知っておけば、結構違うでしょう。また、権威が一元化しにくくなるような環境作りという制度的な対策を考えることができるかもしれません。

大学で政治思想史を教えている私の立場から言えるのは、二〇一〇年にNHKの「ハーバード白熱教室」で有名になったマイケル・サンデル[*3]の教育的なメソッドをもう一歩進めてみたらどうか、ということです。「白熱教室」が教育の方法として注目されたのは、大教室の講義という場において、学生同士にかなり哲学的に高度な議論をさせたからです。少数のゼミなら学生が意見を言うのは当然ですが、大教室での講義では、ほとんどの日本の学生は萎縮《いしゅく》してしまい、先生が「誰か意見のある人?」と言っても誰も手を挙げないし、無理にマイクを向けてもあまりしゃべってくれない。そのような日本の大学の状況と比較すると、あれだけの千名以上参加者がいそうな所で、先生の呼びかけに、その場の何割もの学生が挙手し、誰を指名してもちゃんと討論してくれるというのは驚異的に見えました。

無論、いくらハーバードの学生でも、何の準備もなくいきなり、突拍子もない質問をふられて、まともに意見を言える人ばかりというわけにはいきません。関連するテクストを指定されて、それを少人数クラスなどで一緒に読み、準備したうえで講義に臨んでいたようです。

参加型講義なら、日本にもそれまで全くなかったわけではありませんが、サンデルの授業が本当に優れている所は、学生にランダムに意見を言わせるわけではなく、発言者の意見を、政治哲学上の主要な学説的立場に関係付けてやることで、自分がどういう考え方に近いのか反省的に捉え返させたうえで、さらに討論を続けさせることです。それは理性的に討論するうえで重要なことです。お互いがどういう原理に依拠しているか自覚すると、首尾一貫した議論を展開しやすくなりますし、相手の議論の流れも見えやすくなる。だから相手の議論が部分的に正しいと思っていたら、自分の議論の該当する部分を修正するということもしやすくなる。

サンデル先生は、学説史的に整理しすぎたと言って批判する人もいますが、あれはテレビの政治家同士の討論番組ではなくて、あくまでも政治哲学の授業の枠内で、各学説を適用した場合、どういうことになるのか考えるためにやっていることなので、論点を教科書的に絞り込むのは当然です。

## いかにして「複数性」に耐えるか

あのような実践が、活動的生活のためのいい準備になると思うのですが、私が「もう一歩」というのは、自分の依拠している政治的・道徳的原理を把握するだけでなく、自分と対立している（ように見える）人の拠って立つところも理解する訓練を積む、ということです。「白熱教室」では、司会役のサンデル先生がそれぞれの立場を整理してくれたので、分かりやすかったのですが、各自が自分でそれができるようになることが大事です。議論のための道具立てをあらかじめ設定していない場で、全てを見通しているかのような先生役もいない所で、お互いの立場、特に自分にとって気に入らない意見を言う人が、どういう基準で発言しているのかを把握するのは、知的にも感情的にもかなり大変です。しかしアーレントが『人間の条件』で、「公的領域」における「活動」と言っているのは、まさにそうした営みです。どんな意見を言ってくるか分からない相手に対峙するところから始めないと、本当の「活動」にはなりません。自分と異なる視点を持っている人と本当に接し、説得し合うところからしか「複数性」は生まれません。

その際に肝心なのは、自分に敵対してくる人たちのうち、最も筋が通っていて、論理的に反駁するのが難しそうな人の議論に集中することです。私たちは〝議論〟すると、往々にして勝負感覚になります。勝負に勝つために、敵の中のいちばん弱い部分、話がまとまらない人、基本的な知識が間違っていてズレたことを言っている人、議論とは言えないような中傷誹謗をしている人、要するにおバカな大将に注目し、「こいつら、こんなバカだ！反論する価値なし！」、と言ってすませたくなります。ネット上の〝論争〟はそういう事例が多いように思えます。それで〝活動〟したつもりになっていたら、自分が全体主義に陥りやすいバカになってしまいます。ほとんどの人間は、自分を守るために、相手を否定したくなるものなので、ある程度は致し方ないのですが、自分が本質的な論点から逃げる傾向があることだけは自覚すべきでしょう。

真摯に答えようとしたら、今までの自分を否定しないといけないので、聞いていて辛い、と思えるような対立意見をよく聴き、相手の考え方の原理を把握する。そこからしか、アーレントの言う意味での「思考」は始まらないのではないかと思います。

＊1　**マキャベリ**　一四六九〜一五七二。ルネサンス末期のイタリアの政治思想家。都市国家フィレンツェに官僚として奉仕しながら、古代ローマの政治制度やイタリアの都市国家の歴史を研究し、政治思想的な著作を執筆した。『君主論』では、理想的な君主の在り方を論じるという形で、宗教や倫理とは関係なく、国家の維持・拡大それ自体を目的とする近代における「政治」の基本原理を定式化した。

＊2　**『革命について』**　近代の政治の原型を作ったとされるフランス革命とアメリカ独立革命を比較しながら、「自由」の本質を探究したアーレントの著作。前者が、弱者への共感や物質的な解放にだけ関心を持ち、安定した立憲体制を築けなかったのに対し、後者が「自由のための憲法」を打ち立てたとして、後者を高く評価している。「複数性」を維持・拡大していける可能性が高い評議会制に対するアーレントの期待が表明されている。

＊3　**マイケル・サンデル**　一九五三〜。アメリカの政治哲学者、ハーバード大学教授。リベラリズムの代表的論客であるロールズの正義論を、コミュニタリアニズム（共同体主義）の立場から徹底批判したことで知られる。ハーバード大学での公開講義の様子が、ＮＨＫで『ハーバード白熱教室』というタイトルで放送され、日本でも有名になる。

＊本書は、二〇一七年八月に小社から刊行された「ハンナ・アーレント　全体主義の起原　2017年9月（100分de名著）」の内容に加筆を施したうえで、再構成したものです。『全体主義の起原』『エルサレムのアイヒマン――悪の陳腐さについての報告』（ともにみすず書房）引用部分の日本語訳は、既訳を参考に、読みやすさを考慮して著者が手を入れています。

DTP　山田孝之
編集協力　大旗規子
図版作成　小林惑名
校閲　北崎隆雄
著者写真提供　朝日新聞社

仲正昌樹 なかまさ・まさき
1963年、広島県生まれ。
東京大学総合文化研究科地域文化研究専攻博士課程修了(学術博士)。
現在、金沢大学法学類教授。専門は法哲学、政治思想史、ドイツ文学。
近年は演劇などを通じて現代思想の紹介にも取り組む。
『集中講義！アメリカ現代思想』(NHKブックス)、
『今こそアーレントを読み直す』(講談社現代新書)、
『カール・シュミット入門講義』(作品社)など著書多数。

NHK出版新書 549

悪と全体主義
ハンナ・アーレントから考える

2018年 4月10日 第1刷発行
2022年12月30日 第5刷発行

著者 仲正昌樹 

発行者 土井成紀

発行所 NHK出版
〒150-0042東京都渋谷区宇田川町10-3
電話 (0570) 009-321 (問い合わせ) (0570) 000-321(注文)
https://www.nhk-book.co.jp (ホームページ)

ブックデザイン albireo

印刷 壮光舎印刷・近代美術

製本 二葉製本


Printed in Japan ISBN978-4-14-088549-9 C0210

## NHK出版新書好評既刊

### 教養としてのテクノロジー
AI、仮想通貨、ブロックチェーン

伊藤穰一
アンドレー・ウール

AIやロボットは人間の「労働」を奪うのか? 仮想通貨は「国家」をどう変えるのか? 「経済」「社会」「日本」の3つの視点で未来を見抜く。

545

### 読書の価値

森 博嗣

なんでも検索できる時代に本を読む意味とは? 本選びで大事にすべきたった一つの原則とは? 人気作家がきれいごと抜きに考えた、読書の本質。

547

### 声のサイエンス
あの人の声は、なぜ心を揺さぶるのか

山﨑広子

声には言葉以上に相手の心を動かし、私たちの心身さえ変えていく絶大な力が秘められている——。その謎に満ちた「音」の正体に迫る!

548

### 悪と全体主義
ハンナ・アーレントから考える

仲正昌樹

世界を席巻する排外主義的思潮といかに向き合うか? トランプ政権下のアメリカでベストセラーになった『全体主義の起原』から解き明かす。

549

### 「産業革命以前」の未来へ
ビジネスモデルの大転換が始まる

野口悠紀雄

AI・ブロックチェーンの台頭により、産業革命以前の「大航海の時代」が再び訪れる。国家・企業・個人はどうするべきか。500年の産業史から描き出す!

550